环境保护部环境与经济政策研究中心
中国人民财产保险股份有限公司　　绿色保险译丛

Springer

保险与环境风险管理
Managing Environmental Risk Through Insurance

保罗·K. 弗里曼 （Paul K. Freeman）

霍华德·昆路德 （Howard kunreuther） 著

王玉玲　秦余国　王志新　译

中国金融出版社

责任编辑：黄海清　责任校对：潘　洁　责任印制：丁淮宾

Translation from the English language edition：
Managing Environmental Risk Through Insurance
by Paul K. Freeman, Howard Kunreuther
Copyright © 1997 Kluwer Academic Publishers
This Springer imprint is published by SpringerNature
The registered company is Springer Science ＋ Business Media LLC
All Rights Reserved
《保险与环境风险管理》一书的中文简体字版专有出版权属中国金融出版社所有，不得翻印。

图书在版编目（CIP）数据

保险与环境风险管理（Baoxian yu Huanjing Fengxian Guanli）/
（美）弗里曼（Freeman，P. K.），（美）昆路德（Kunreuther，
H.）著；王玉玲，秦余国，王志新译．—北京：中国金融出版
社，2016.9
　书名原文：Managing Environmental Risk Through Insurance
　ISBN 978－7－5049－8536－1

　Ⅰ．①保…　Ⅱ．①弗…②昆…③王…④秦…⑤王…　Ⅲ．①保
险资金—风险管理—研究　Ⅳ．①F830.45

中国版本图书馆 CIP 数据核字（2016）第 104237 号

出版
发行　**中国金融出版社**
社址　北京市丰台区益泽路 2 号
市场开发部　（010）63266347，63805472，63439533（传真）
网 上 书 店　http://www.chinafph.com
　　　　　　（010）63286832，63365686（传真）
读者服务部　（010）66070833，62568380
邮编　100071
经销　新华书店
印刷　北京市松源印刷有限公司
尺寸　148 毫米×210 毫米
印张　4.625
字数　105 千
版次　2016 年 9 月第 1 版
印次　2016 年 9 月第 1 次印刷
定价　24.00 元
ISBN 978－7－5049－8536－1/F. 8096
如出现印装错误本社负责调换　联系电话（010）63263947

感谢中欧环境治理项目对本书出版的大力支持

序　一

环境污染责任保险制度以市场手段管理环境风险，为环境损害提供社会化的财务保障，是环境法治与市场经济完美结合的产物。从国际经验看，环境污染责任保险是一个内涵非常广泛的概念，在保险产品意义上，它包括了各种不同的保险产品。在不同的时期以及不同的司法环境下，环境污染责任保险制度的范围及运行机制差异很大。

在我国，环境污染责任保险制度的发生与发展有其独特的内在逻辑。2005年底，松花江特大水污染事故导致的损害赔偿纠纷，在程序上推动了中国环境污染责任保险机制的讨论和政策演进步伐。2007年，原国家环境保护总局与中国保险监督管理委员会联合印发《关于环境污染责任保险工作的指导意见》，环境污染责任保险试点正式启动。2013年，环境保护部与保监会又联合印发《关于开展环境污染强制责任保险试点工作的指导意见》，在涉重金属等高环境风险行业启动环境污染强制责任保险试点工作。2015年9月，中共中央、国务院印发了《生态文明体制改革总体方案》，提出在环境高风险领域建立环境污染强制责任保险制度。

环境污染强制责任保险制度是舶来品。在不同国家，环境污染强制责任保险制度的适用范围、保险产品等均不尽相同，总体而言，环境污染强制责任保险制度是运用市场化手段管理环境风险并为环境损害提供财务保障的机制。在我国，要构建适合于我国环境司法现状与环境风险实际情况的环境污染强制责任保险制度，既需要充分考虑我国现实情况，也需要认真研究环境污染责任保险制度的国际经验。所谓"橘生淮南则为橘，生于淮北则为枳，叶徒相似，其实味不同。所以然者何？水土异也。"

环境保护部环境与经济政策研究中心李萱博士长期承担环境污染责任保险制度的相关研究工作，其与中国人民财产保险股份有限公司共同组织开展的绿色保险译丛翻译工作填补了我国环境污染责任保险译著的空白，为当前正在开展的环境污染责任保险试点以及相关改革工作提供了国外经验的参考与借鉴。

希望本译丛的出版，能够与更多的政府部门、机构、学者共享研究成果，共同推动我国环境保护事业与环境污染责任保险事业的发展。

别涛
2016 年 8 月

序　二

　　"生态环境保护是功在当代、利在千秋的事业"。近年来环境保护问题已经成为社会普遍关注的热点问题，事关人民的福祉和民族的未来。当前，我国的环境污染问题从先前的隐形污染逐渐向显性污染转变，雾霾、水体污染、土壤重金属超标等就时常发生在我们的身旁。环境治理是一项需要全社会共同参与的系统性工程，需要企业严格按照国家标准进行生产并积极承担主体责任，需要各级人民政府和环保主管部门的政策支持和严格监管，需要广大民众的真诚守护和监督，同时也需要银行、保险等金融机构运用经济手段引导企业加强环境风险管理和治理。

　　环境污染责任保险作为国家环境保护体系中的一项重要制度安排，是随着环境污染事故的频繁发生和公众环境权利意识的不断增强而逐渐发展起来的。环境污染责任保险在发达国家经过几十年的演变已经逐渐成型，业已形成了法律强制和商业机制相结合的发展模式，同时也促进了社会公众环境污染责任保险意识的形成。而目前我国的环境污染责任保险发展尚处于起步阶段，虽然经过十余年的推广，但是由于承保覆盖面还非常有限，环境污染责任保险在整体国家环境治理中发挥的作用尚不凸显。通过学习借鉴国际的先进经验，通过立法强制和市场运作的有效结合，环境污染责任保险势必将为我国的"绿水青山，碧海蓝天"发挥更加重要的作用。

　　环境保护部环境与经济政策研究中心与中国人民财产保险股份

有限公司共同组织开展的绿色保险译丛翻译工作，力图改变我国环境污染责任保险研究资料相对缺乏的局面，也可使政府主管部门和保险行业的从业者有机会了解到国外环境污染责任保险的发展历程，也为我国环境污染责任保险的政策制定和产品开发提供参考。希望本译丛的出版能够为我国环境污染责任保险的发展贡献一份微薄之力，促使环境污染责任保险成为环境污染治理体系中必不可少的一环。

中国人民财产保险股份有限公司
林智勇　总裁
2016 年 8 月

目　　录

前言 ……………………………………………………………………… XI

序 …………………………………………………………………………… XIII

答谢 ……………………………………………………………………… XVII

第一部分　社会风险管理

引言：问题概述 ………………………………………………… 3

第一章　政府福利计划与风险管理 …………………………… 7

第二章　法律制度与风险管理 ………………………………… 11

第三章　保险与风险管理 ……………………………………… 23

第二部分　环境风险管理

引言：承保环境风险 ……………………………………………… 37

第四章　风险的可保性和可销性 ……………………………… 40

第五章　石棉风险的承保：背景和风险识别 ………………… 62

第六章　石棉风险的承保：可保性和可销性条件 ………… 72

第七章　承保其他类型的环境风险 …………………………… 86

第八章　总结和结论 …………………………………………… 114

前　　言

　　埃里克集团自 1987 年就开始经营环境保险业务，为某些具体的、可识别的环境风险提供保险保障。埃里克集团的主要经营范围就是承保含石棉材料的相关风险，以及为联邦和州的立法施加给不动产所有者的对已受污染的不动产实施清理的责任提供保险保障。为了满足环境保险产品的开发需求，埃里克集团委托宾夕法尼亚大学沃顿商学院的风险管理与决策程序中心（RMDPC）从事环境保险产品的前期开发工作。自 1990 年开始，埃里克集团和沃顿商学院的风险管理与决策程序中心共同合作完成了有关环境保险可保性的理论与实践研究。

　　学术休假期间与埃里克集团的霍华德·昆路德的一次会谈促使我开始从事这项研究，否则我们两个是不可能有机会在一起工作的。这种共同努力的结果碰撞出一些灵感的火花。成功地开发环境保险产品的关键因素是要有明确和具体的标准，再没有比这些标准更具有启发意义的事情了。这些标准通常是根据联邦层面的监管政策制定出来的，并由各州和市政府负责具体实施。如果保险公司能够把监控客户执行政府标准作为损失控制措施的一部分，那么就会更加强化政府环境政策的实施效果。此外，作为一种合同，环境保险在补偿受害者及制止不良行为方面也可以和现有侵权法制度一样有效率地发挥作用。

　　基于这个发现，一个逻辑问题就自我显现出来：能否把保险用作符合政府环境政策的一种方式？如果可以的话，保险要扮演这样一种角色需具备哪些前提条件？需要具备哪些正当的理由才能努力使保险成为实施任何政策的基础？要回答上述这些问题，就要对一系列学术课题进行广泛和深入的研究，包括起到赔偿和威慑作用的现有制度、使用合同（包括保险）作为侵权法的替代品、政府部门制定监管政策的界限、设计以及购买或销售保险产品所需的前提条件。

　　编写本书是为了要突出保险和实施标准在管理环境风险上所扮演的角色。我们相信保险将可以在处理现今社会所面临的绝大多数问题上发挥着重要作用，尤其是在补偿环境损害方面将发挥着更加重要的作用。

保罗·**K.** 弗里曼

霍华德·昆路德

序

本书详细且直接地分析了如何使用保险而不是通常的政府规则来处理现代的环境风险。

作者通过两个基本步骤推演出结论。作者的论述与通常的做法类似，在第一阶段论述了由于私人部门所做的风险评估更加理性，因此与通过政府程序作出的决策相比，私人部门的决策过程会更加有效率。这一步推论似乎很难被推翻，假定私人决策者没有"逃避"的余地，也就是说，他们不能把计算错误导致的结果推卸给其他人来承担。如果私人决策者不能逃避，那么他就不得不去压缩成本来控制风险。相比而言，政府监管者通常都会将真实的花费分摊给某些机构，或是未来的某些机构的人员身上，或是未来的某些费用的承担者（通常都是纳税人）。任何人都会有逃避承担费用的动机，因此这个问题不是由个人和公共决策者的道德所能够决定的。更确切地说，上述问题是一个让决策者深陷其中的激励机制问题。政府决策者通过法律和规则将应负担的责任转嫁给私人机构来承担，但是政府决策者通常却很难使其他政府部门有效地承担起责任。

作者论述的第二阶段为风险的成本可以通过保险进行摊销或清偿。这里的逻辑也非常简单明了：如果某一个行为的相关成本很可能发生，或者必然发生，那么就可以通过预付费用的方式来涵盖这种成本，等成本发生后再去支付相关费用。通常这种预付费用就是保险的保费。

此外，保险有一个与众不同的优势：保险在意外事故发生之前或者至少可以在意外事故发生的同时就通过收取保费的方式来涵盖其成本，而不用非要等到意外事故发生之后再去考虑如何支付的问题。换句话说，保险所包含的原理就是未雨绸缪。

由政府来处理风险有诸多不足，而这些不足却不能通过要求政府项目投保"保险"得以避免。目前正在运行的社会保险、联邦医疗保险和政府为沿海住宅提供补贴的飓风保险等项目都存在这些不足。

因此，正如作者所证明的，用商业保险机制替代直接的政府监管机制来尝试着处理各类风险具有显著优势并且意义深远。作者通过分析识别出并展现了这些优势的本质。

然而，作者的分析假设了保险机制运行所需的社会和政治体系特征。其中关键的特征是政府规则的组合将有效阻止承担处理风险工作的私人实体逃避责任。相关的立法中保留了传统法律的许多思路，立法制定的初衷在于确保政府可以直接进行控制，而这种做法相对来说缺乏透明度。

传统法律中的相关规定对保险进行了规范：保险公司如已承保某一特定风险，若该风险不幸变为现实，投保人依据合同法就可以要求保险公司支付赔款；同样地，合同法使被保险人和投保人深信如果风险真的不幸发生了，那么依据合同法就可以要求保险公司来支付赔款；合同法同样使保险公司深信其仅会被要求支付保险合同中约定的风险所导致的损失；同样，侵权法将为保险索赔人作出合理的和可预见的判决。

传统法律（合同法、不动产法和侵权法）绝大多数都是由法庭进行解释，但是偶尔也有可能被立法机关所干预。传统法律基本上完全通过法庭判决及和谈来实施，如果未能实现和解，那么法庭接下来会做什么也是可以预见的。传统法律需要在"公平竞争的环境"

中才能发挥作用，而这个"环境"对于保险本身的功能实现也是必不可少的，或者说任何一个商业决策体系都需要这个"环境"。社会即使能在非公平的竞争环境下解决争端，但多少也会伤痕累累。

作者的研究证明了保险替代政府规则的可行性。这也是不断变化的需求为传统规则增添的"保险解决方案"。期待未来的研究能在可行的基础上，开发出我们所需的更多的保险产品。

杰弗里·C. 阿扎尔
美国法学会主席

答　谢

经过六年的工作，这项研究终于收尾，在此期间我们得到许多人的支持与帮助。埃里克集团的艾伦·波特和史蒂夫·哈格里夫斯开发了石棉和不动产转让保障的风险模型，前任集团市场副总裁玛丽·艾伦·加拉格尔为本书的内容和架构提出了具体的建议，丹尼斯·O. 米拉和埃里克·布鲁米尔为本书提供了管理和研究方面的支持，格雷格·钱伯林和佛瑞德·弗里曼在如何向客户销售新的保险产品方面提供了宝贵的实践经验。

我们感谢埃里克集团的所有雇员在本书创作过程中给予的帮助与支持。在此也对环境保险的经纪人和销售人员给予特别的感谢，他们帮助埃里克集团推广保险产品并在环境风险管理方面开辟了一条新的道路。他们的经验为本书提供了必要的实际案例。

我们也收到了宾夕法尼亚大学沃顿风险管理与决策中心的工作人员和学生们所提供的十分有帮助的注解和评论。特别感谢乔恩·巴伦、爱德华·鲍曼、吉姆·博伊德、科林·卡默勒、卡伦·柴娜德、尼尔·多尔蒂盖尔、季卫平、杰克·赫尔希、埃里克·约翰逊、保罗·克雷恩道弗、杰奎琳·梅扎罗斯、帕特里克·麦克纳尔蒂、埃里克·阿特兹、伊萨多·罗森塔尔和约翰·维拉尼在把保险与其他政策工具结合来来提升低频高损事件的管理水平方面进行的诸多有益的探讨。我们非常感谢安妮·斯塔莫在过去四年中所做的管理工作，同时对国家自然科学基金给予宾夕法尼亚大学的经济支持表示感谢。

　　许多人在这本书早期的草稿中提供有益的意见和建议，这使我们更加清晰地理解保险在管理环境风险方面能做什么和不能做什么。我们要感谢肯尼思·亚伯拉罕（弗吉尼亚大学）、安德鲁·伯纳德（大西洋再保险公司）、肯·伯格（苏黎世－美国专家）、史蒂夫·布雷（宾夕法尼亚大学）、理查德·卡尔弗特（商业与工业公司）、肯·康奈尔（商业与工业公司）、康妮·弗里曼（环境安全系统公司）、罗伯特·巩特尔（宾夕法尼亚大学）、杰弗里·哈泽德（宾夕法尼亚大学）、威廉·克罗恩伯格（紧急事件照料服务公司）、斯坦·拉斯克沃斯基（美国国家环境保护局）、约翰·默茨（宾夕法尼亚大学）、理查德·摩根施特恩（美国国家环境保护局）、杰弗里·O. 康奈尔（弗吉尼亚大学）、罗伯特·雷佩托（世界资源协会）、史蒂夫·施文（哈佛大学）、W. 基普·维斯卡西（哈佛大学）和理查德·泽克豪泽（哈佛大学）、琳达·波勒（市场部公司）对本书所进行的细致地编辑和索引。

　　特别感谢美国企业协会的克里斯托弗·德穆思和克吕韦尔学术出版集团的圣扎迦利·罗尔尼克参与本书的出版，在此对他们的支持和鼓励表示感谢。

　　最后，感谢我们的家人（康妮、克里斯、莎拉、雷切尔、盖尔、劳拉、约珥、大卫和迈克尔）在过去六年里的支持和鼓励，这使我们得以顺利完成此书的出版。如今他们也对环境风险保险了解得更多了。

保罗·K. 弗里曼
霍华德·昆路德

第一部分

社会风险管理

引言：问题概述

I . 社会风险管理

在人类的个人生活和职业生涯中，风险无处不在。随着时间的推移，风险的数量和种类都在发生着明显的变化。无论这些风险是由可以预见的（例如退休后的收入减少）或是不可预见的（例如机动车事故导致人身伤亡）事件所导致的，我们生活中的基本风险却从未改变过，仍然是生命、肢体、健康、生活来源及个人财产遭受损失的风险。

人们可以选择承担由某些风险导致的损失，例如机动车或者设备超出了质保期，那么消费者必须自行负担机动车或者设备的修理或重置费用。

但却有更多的风险是个人或者企业不希望自留的，因为这些风险带来的损失会威胁到个人或企业的财务安全。目前来说，有三种方法可以让个人或企业将这些风险转移给其他主体来承担。

政府福利计划

美国联邦、州和地方政府有多种多样的福利计划为那些遭受损失的个人及（或）企业提供帮助，包括社会保险（为失能人群或老年人提供收入补充）、失业救助（为遭临时解雇、裁员、歇业等原因导致收入损失的人群提供帮助）以及联邦灾害救助（为自然灾害导致的财产损失提供救助）。

侵权责任制度

因遭受侵权行为而受到损失的人能够依据侵权责任制度从责任方处获得赔偿，例如因缺陷产品遭受人身伤害的消费者可通过法院诉讼获得赔偿。侵权责任制度也可以通过行政机关颁布的强制执行规则来解决（公众）健康、安全及财产的风险问题①。

商业保险

商业保险为消费者或企业提供了一种将特定事件导致损失的风险转移给第三方承受（通常是商业保险公司）的途径。作为接受风险的对价，保险公司要向客户收取相应的保费。保险能够为房屋、企业、机动车和其他财产的损失提供保障，也能为因失能或死亡导致的收入损失提供保障。保单提供的奖励措施鼓励被保险人实施减损行为。

II．环境风险管理

本书研究的重心放在了管理社会的环境风险上面。在这里，我们将研究范围限定在对环境产生负面影响并能够引起人体健康、财产受到损害或者土壤及（或）地下水受到污染的商业活动上。我们尤其关注这些负面事件中个人和（或）组织的责任问题。

我们聚焦在环境风险问题上，是因为这是一个被社会广泛关注

---

① 关于法院和行政机关在处理公众风险方面所扮演角色的更详细的论述见吉列，克莱顿·P 和詹姆斯·E. 克瑞尔"风险、法院和政府机构，"宾夕法尼亚大学法律评论，138，1990 年，第 1027 页。

的新兴领域，而且到目前为止并未被很好地加以管理。只是在近三十年环境风险问题才引起了社会的广泛关注，因此管理此类风险的有效方式还在深入地研究中，仍然需要投入大量的工作精力①。

1969 年通过的《国家环境政策法》是环境保护领域的第一次重要尝试。美国国家环境保护局（EPA）也于该法颁布一年之后（1970 年）成立②。在随后的十年中，大量有关保护空气、水、土壤以及以保护市民健康免受污染侵害的法律相继出台（见第二章关于立法部分的详细论述）。

为了应对社会对环境问题的日益关注、陆续出台的新法规以及因违法行为可能承担的巨大责任（如刑罚、罚金、诉讼），企业制定了更加规范的环境管理制度。通常，清理受污染的土地或者治疗那些因接触致癌物质罹患疾病的人花费巨大，因此只有那些企业巨头才会选择自留环境风险。

在本书的第一部分，我们将研究风险转移的三种方法对那些对环境风险管理感兴趣的企业是如何发挥作用的。尽管有一些政府福利计划仍在运行中（见第一章关于这部分内容的讨论），但是如今的政府福利计划正逐渐变成一种不太可行的方式了。无论是由于预算限制或者是由于政府期望摆脱其不能胜任的任务，在如何引导行为以及如何解决社会关注问题的效率等问题上政府正备受社会争议。

侵权责任制度已成为解决环境争议的一种最普遍方式。但是，正如将在第二、三章讨论的，在转移环境风险问题上侵权责任本身既缺乏公平也缺乏效率。实际上，侵权责任制度在确定责任方以及相应的经济责任上的开支已经超过了用于解决环境危害上面的了。

---

① 这个定义与亚伯拉罕在环境责任的讨论中使用的定义相似。见亚伯拉罕，肯尼思·S，"环境责任和保险的有限性"，哥伦比亚法律评论，88，1988 年，第 942 页。

② 一个关于美国国家环境保护局起源的全面论述见于兰迪，马克·K.，马克·J. 罗伯茨和斯蒂芬·R. 托马斯，环境保护机构：问错了问题，牛津大学出版社，纽约，1990 年。

这些问题就有待商业保险来解决。商业保险、侵权责任制度和政府监管政策三者之间存在着明显的联系。保险作为一种为承担风险而设计的独特制度，某些由政府政策或者侵权制度所创造的潜在风险却也由其承担了。当条件具备时，保险就可作为一种经济保护和鼓励损失预防的工具发挥着作用。

保险在实际运行中颇有成效。在过去的几十年间，运用保险来管理环境风险的情况明显增加。例如1987年开发的石棉清除保险，它就为那些从事拆除商业建筑中石棉材料工作的建筑承包商提供了保险保障。这些石棉清除保险保单为承包商应对第三方因石棉导致的疾病而提出的索赔提供了保障。产权转让保险为不动产所有人在其定居后发现其土地受到污染而必须支付清污费用的风险提供了保障。这两个例子证明了保险具有减少未来风险并将风险分散于制造风险的主体之间的潜能。

本书的第二部分概述了保险在管理环境风险中所起的作用。社会不再寄希望于政府福利计划及高成本的法律途径来解决环境风险问题是整个讨论的基本前提。我们提出的解决方案是更有效率地利用商业部门，尤其是保险行业。

然而，在保险公司愿意参与到开发和销售环境保单之前，环境风险必须满足一系列的可保性条件。第四章将仔细地研究这些可保性条件，在接下来的第五、第六章将讨论石棉风险的保险保障问题。为了开发保险产品去保障第七章中讨论的其他类型的环境风险，这个例子可以作为一个样板。

结论章节将总结保险作为处理环境风险的一种可行性方案的优势与不足之处。

第一章 政府福利计划与风险管理

I. 社会风险管理

联邦、州、地方政府建立了诸多的福利计划（有的被称为"津贴"）为市民分担部分风险。税收则是政府补偿那些急需人群的主要收入来源。在某些情况下，尤其是社会保险，其收入中至少有部分是直接来自从这些项目中获益的人（如雇员），资金主要是通过雇主定期缴费予以补充。

其他类型的政府福利计划由美国所有的纳税人提供资金支持，而不论他们是否能够从项目中直接获益。一个较为典型的例子就是联邦灾害救助计划，其为因自然灾害遭受严重损失的群体提供援助。过去，联邦政府以低利率贷款、赠款和债务减免的方式为那些受害者提供慷慨的灾害救济①。而如今，贷款则要以百分之四到百分之八②的利率才能提供给那些有需要的人。联邦政府通常也会为公共建

---

① 1972年艾格尼丝飓风之后，美国政府通过中小企业管理局提供了多达5000美元的第一层损失和保障损失剩余部分的30年期1%利率的贷款。见 昆鲁斯，哈佛，自然灾害恢复：保险或联邦救助，美国企业协会，华盛顿特区，1973年。

② 如果大规模低于市场利率的贷款被批准，这些项目对纳税人将是沉重的负担。尽管这些项目比20年前的项目更加严格，中小企业管理局仍在为个人和企业提供补贴的最长期限30年的低利率贷款。根据援助接收方在其他地方是否有信贷可用，利率将不超过4%或8%。见美国国会，参议院工作小组关于灾害救济资助的联邦灾害救助报告，华盛顿特区，美国政府印刷局，1995年，第156页。

筑和基础设施的修复费用提供百分之七十五的补贴。在 1992 年安德鲁飓风和 1993 年密西西比洪水之后，政府则支付了全部的公共设施损害修复费用①。

政府福利计划最主要的特点是对"平等"或者"公平"的强调高过了对"效率"的强调。政府福利计划通常为所有的受资助方在相似的花费下提供相似的福利，而不考虑受资助方对福利的需求或者实际支付能力。即便考虑了，通常也不会要求受资助方必须进行风险识别或者减少损失作为制定福利标准的基本条件。政府福利计划只判断索赔人目前的状况是否符合获得福利的条件，因此实际上政府通常会接受所有的索赔申请，而不去尝试着纠正或者鼓励某些行为。在提供灾害救济之前政府通常会关注索赔人是否居住在指定的灾区范围内，而不是考虑索赔人是否首先应当避免居住或工作在该区域②。

用政府福利计划来减少社会风险也必须符合美国公众的公正理念。如果自然灾害的恢复费用全部是通过政府拨款得来的，那些居住在高风险区域的人将会从那些居住在安全区域的人处获益。只有当公众认为支付少数人的自然灾害损失是每一个人的义务时，那么灾害救济项目才会被认为是公平的。换句话说，如果公众觉得每一个人都应为自己的风险承担责任，那么以全体纳税人的钱来补贴那些高风险的人将会被认为是不公平的③。

---

① 昆鲁斯，哈佛，"通过保险减轻灾害损失"，风险与不确定性杂志。(印刷中)
② 普里斯特，乔治，"政府，市场和巨灾损失问题"，风险与不确定性杂志。
③ 新西兰就是一个例子，一个国家把处理自然灾害当作是该国所有产权人的责任，不考虑其风险暴露的差异。通过强制保险的方式保障自然灾害的损失，每 100 美元的被保险财产需征收 5 分钱，火灾的风险由所有商业保险合同保障，地震和战争风险由政府来管理。基金建立的理念是自然事件是不可预测、广泛分布及不同寻常的，市民应当受到中央基金的帮助。国家已经改变了它的理念，现在已将更多的损失分担责任向私人再保险市场分出，这种变化对社会和个人也产生影响。见海，伊恩，"动摇不是搅动：1993 年新西兰地震委员会法的反响"，新西兰地理学家，50（2），第 46－50 页。

与需要进行事前规划的项目相比，政府福利计划的优势在于把注意力放在事后标准上面。在福利资格的认定上，政府福利计划很少产生争议，并且其分配福利的管理成本也很低。例如，社会保障总署（SSA）经常宣称其分配数额巨大的福利资金池的交易成本极低。一般来说，SSA 每收入一美元，可用于支出的部分高达九十三至九十九美分，交易成本仅消耗了一美分至七美分[①]。

有很重要的一点必须承认，就是政府福利计划不是自筹资金的。一般来说，政府福利计划可使用资金的数量取决于政府财政预算。每一个政府福利计划的预算都需要与其他所有政府项目相竞争。事实上，目前现有的政府项目并不能总是确定无疑地获得资助。

II. 环境风险管理

政府已经在开始尝试用政府福利计划来管理环境风险。据石油市场协会预测，地下储油罐条例颁布之后，约百分之二十五的加油站将因此而停业。为了应对游说团体的压力，多个州政府设立了州担保基金（SGFs）。州担保基金和其他政府福利计划非常类似，都是通过征税或收费来维持运营的，同时也依据一定的标准将基金进行再分配。

典型的州担保基金的主要收入来源于对销售或交付的每加仑汽油征收百分之零点一至百分之二的单一税，因此该州的所有驾驶员都将为泄漏或更换储罐的公司支付修复费用。然而实践经验表明，仅靠这部分税收并不能筹集到足够的清污费用，还需要用其他额外税收进行补充。由于州担保基金与其他政府计划共同争夺政府税收

---

① 见伯恩斯坦，默顿·C 和琼·布拉德肖·伯恩斯坦，社会保险：这个系统的运作，基本图书公司，纽约，1988 年，第 13 页，特指美国参议院报告引用的数字 3。

资源，结果就导致了许多州担保基金计划的资金严重不足[①]。

与绝大多数政府福利计划相类似，州担保基金计划都是进行事后补救的，这就导致另外一个倒退。若对储油罐采取监控、检查、更换等事前的预防措施，就可以减少环境风险的最终损失和社会成本，而目前的州担保基金却不关注这些事前的预防措施。

《综合环境反应、补偿和债务法》（CERCLA）是另一个由全体纳税人资助的项目，通常它也被称作超级基金[②]。如果联邦政府为了支付危险废物场所的清污费用而对所有人征税，那么就相当于不只是制造污染的人支付了污染治理的费用，所有美国公民都不得不为这些污染来支付费用。目前，那些被美国国家环境保护局（EPA）或相关州的环保局划归到潜在危险物质目录的物质，政府条例和相关司法解释都坚持应由工业团体负责清理。然而，如果污染责任方不再从事相关的商业活动或者破产了，那么清污费用将由全体纳税人或部分纳税人所提供资金支持的信托基金来支付[③]。

Ⅲ. 小结

政府福利计划在管理环境风险等社会风险上发挥着作用。其优势就是为那些遭受损失的个人或企业提供资助，但其最大的不足就是：（1）在减少风险或者损失的几率上无所作为；（2）以所有纳税人的钱资助了部分的个人或企业。

---

① 博伊德，詹姆斯和霍华德·昆鲁斯，"追溯责任和未来风险：地下储油罐的最佳法规"，沃顿风险管理和决策程序中心论文，沃顿商学院，宾夕法尼亚大学，费城，宾夕法尼亚州，1995 年 9 月。

② 美国法典第 42 卷，第 9601－9675 款。

③ 普罗布斯特，凯瑟琳和保罗·伯特尼，超级基金清污的责任分配，未来资源，华盛顿特区，1992 年 4 月。

第二章　法律制度与风险管理

Ⅰ.社会风险管理

法律制度通过归责原则以非自愿的方式将风险从一方转移至另一方。因产品存在缺陷消费者将生产商诉至法庭；因诊疗失误患者将医生诉至法庭；意外事故受害者通常会对多个当事人提起诉讼，因为他们认为每一个当事人都至少应当对损害结果负有部分的责任。

侵权法是普通法系的主要法律，它被用来处理在非合同义务下、多个主体之间发生的不法行为。侵权法具有两个功能：（1）是受害方获得损害赔偿的基础；（2）对实施类似行为的其他人产生威慑①。

以往，在获得赔偿之前，侵权诉讼要求原告举证证明被告存在故意或过失行为②。因此，原告为了获得赔偿（通常包括人身伤害或财产损失）而不得不去证明下述事项：

1. 被告对原告负有法定义务；

---

① 侵权专著中，普罗塞和基顿的注解：侵权领域对阻止未来损害的关注已经极其重要。法院不仅关注受害者的损害赔偿，也会训诫做坏事的人。当法院的判决已为公众所知，潜在的被告就会意识到他们可能在未来承担责任，当然，他们也有很强的动机去阻止损害的发生。分配责任的一个原因是给那些故意为之的人以刺激。基顿，W. 等，普罗塞和克顿侵权法，第 92 款，第五版，1984 年，第 665 页。

② 普罗塞，威廉·L. 和约翰·W. 韦德，侵权行为：案例和材料，基础出版社，1971 年。

2. 被告的故意或过失行为违反了法定义务，且处于注意标准之下；

3. 被告的行为与原告的伤害之间存在因果关系；

4. 原告遭受的损害是可以量化的。

一旦确定存在法定义务，那么被告行为的注意标准就是确定的。通常，原告必须证明被告违反了注意标准。

然而侵权法也在不断地发展进化。在过去的 40 年间，企业责任理念成为侵权法新的发展方向。当被告从事某些特定的活动时，根据企业责任原则，就不再要求原告证明被告存在过失。企业责任原则对从事特定类型活动的被告施加了严格责任，而不再考虑其是否存在着过失。换句话说，原告只需要证明被告的危险行为使其遭受了损失，那么被告就要为这些损失负责。

随着侵权理论被应用到产品责任索赔领域，企业责任原则就应运而生①。法学家们的争论是其获得发展的一个主要原因，随后法庭在审判中也采用了这种理论，即制造商通过质量控制来监控其产品远较消费者判断其购买的产品是否安全容易得多②。更重要的是，学者建立起企业责任的前提是制造商将愿意采取具有成本效益的损失预防措施。换句话说，制造商将会采取减缓或预防措施，使这种成本不高于从减少潜在损失中获得的收益③。

将风险分散于整体人群的观点促进了这类法律的发展。如果制造商对产品或运营导致的损失承担严格责任，其可以通过调整销售

① 普里斯特，乔治·L，"企业责任的发明：关于现代侵权法的智力基础的批判史"，法律研究评论，14，1985 年，第 461 – 528 页。

② 萨维尔，史蒂文，意外事故法的经济分析，哈佛大学出版社，剑桥，马萨诸塞州，1987 年。

③ 这本著作的两个优秀的综述，见威廉·兰德斯和理查德·波斯纳，侵权法的经济格局，哈佛大学出版社，剑桥，马萨诸塞州，1987 年；萨维尔，史蒂文，意外事故法的经济分析，哈佛大学出版社，剑桥，马萨诸塞州，1987 年。

价格来转移这部分损失。为防范责任风险而积累的资金将被用于受产品侵权的任何索赔者，既无须考虑制造商是否存在着过失，也无须要求索赔人去证明制造商存在过失。通过建立严格责任，学者期望促使侵权制度在诸多方面像传统保险一样发挥着同样的作用，即将某一类特殊风险分散于整个人群并且去鼓励去采取损失预防措施①。

Ⅱ. 环境风险管理

环境责任对经济的影响是巨大的。据估计，与不动产相关的环境风险负债约为二万亿美元，这占到美国全部财产的百分之十六到百分之二十②。在为企业风险管理者编制的定期风险管理报告中，风险管理专家 H. 菲利克斯·柯乐曼将环境风险等同于"十年风险"③。

近年来，注意义务标准也被强行应用到了环境责任方面，这些注意义务标准主要来自于政府规则。在美国，为环境责任设定注意义务标准也成为一种普遍使用的方式。自 20 世纪 60 年代以来，美国的环境意识正逐渐开始形成。这种观念转变的一个重要标志就是，美国人已不再把环境看作是经济增长的来源，而是逐渐开始把环境单独看作是衡量经济和社会发展的一种价值标准。在相当短的时间内，联邦、州和地方政府就相继颁布了数以百计的条例来明确污染大气、水体、土壤的责任，并用法律形式来保护这种价值观，同时还规定了应由谁来支付污染清理费用。条例明确要求私人部门承担

---

① 兰德斯，威廉和理查德·波斯纳，侵权法的经济格局，哈佛大学出版社，剑桥，马萨诸塞州，1987 年。

② 威尔逊，艾伯特·R，环境风险：识别和管理，路易斯出版社，切尔西，密歇根州，1991 年，第 7 页。

③ 卡尔曼，H. 菲力克斯，"1995 年的争议"，风险管理报告，海藻出版社，莱姆，康涅狄格州，22（1），1995 年 1 月，第 4 页。

绝大部分的责任，尤其是产权人。

本章的余下部分将概述对环境风险立法的急迫性，也详叙为确定风险的相应责任所建立的注意义务标准，同时回顾司法系统在判定环境风险中要求相关人承担的非自愿性责任的花费。

美国的环境立法

社会对某一类问题严肃看待的最好反映就是他们愿意赋予政府处理这类问题的权力。在环境领域，美国政府拥有绝对的权力，不只是那些造成污染的活动将会受到影响，几乎所有的美国商业都将会受到这种权力的制约。

结果就是，环境问题必须受到政府指引中可接受行为标准的约束。政府指引也经常修订。虽然政府规则明确界定了可接受行为标准并与司法解释共同构成了环境法的法律框架，并且似乎在此框架之下就可以明确责任的承担，但是识别和评估潜在的环境风险仍然是一项特别艰难的工作。

早期的环境运动和美国国家环境保护局

后"二战"时期，美国产生了新的政治选民，他们年轻，经济状况稳定，并且比先辈接受了更好的教育。这一代的美国人在财富、空闲时间以及对周边世界的认知方面都成长了，因此他们对自然界以及对世界经济的发展更为关注。他们是既关心"生活质量"又关心"面包和黄油"的第一代人[①]。这代人把对环境的关注带到了政治领域并且开始支持环境保护的立法。

作为对崛起的这代选民的回应，自 20 世纪 60 年代起，美国国会开始实施水和大气质量的立法。1970 年，尼克松总统通过行政命

---

① 兰迪，马克·K，马克·J. 罗伯茨，和斯蒂芬·R. 托马斯，美国国家环境保护局：问了错误的问题，牛津大学出版社，纽约，1990 年，第 22 页。

令创设了美国国家环境保护局（EPA），它是美国历史上第一个直接向美国总统汇报并承担环境保护职责的独立机构，美国国家环境保护局将其角色定位于维护环境的清洁并以此来保护公众的健康①。

清洁水

《清洁水法案》是美国早期颁布的环境保护法规之一，自1972年首次颁布以来历经了多次的修订。立法者通过行政许可来控制排放到国家河道中的污染物数量，从而来保护地表水的质量。企业必须采取"目前最可行的控制技术"所能达到的排放标准。立法目的就是为了保持水体的清洁，并且通过减少排放到水体的污染物数量来使已受到污染的水体变得更加清洁。

清洁空气

对美国大气污染控制的立法最早可追溯到1955年。然而，《清洁空气法案》（1977年颁布）才是那个时代最有成效的空气质量立法。该法的部分理论包括：

1. 大部分人居住在快速扩张的大都会区域，这些区域一般跨越了州和地方政府的边界线；

2. 城镇化、工业发展以及机动车数量的增长导致空气污染上升并逐渐危害到了公众的健康、农业和不动产；

3. 州和地方政府的主要责任是从源头上阻止和控制空气污染；

4. 联邦政府的领导和财政支援对联邦、州、区等地方政府阻止并控制空气污染来说必不可少。换句话说，确保空气清洁是联邦政府最重要的责任。

依照科学技术标准，1977年的《清洁空气法案》为某些特定污

---

① 同上，第42页。

染物制定了空气质量标准。该法所体现的环境保护战略是,在排放总量上设定限额使空气更加清洁并且时刻保持这种清洁。法条背后的基本假设是污染物不会长期停留在空气中,并且会随着时间的流逝而逐渐消散①。1990 年,对《清洁空气法》进行了重大的修订,变化包括:要求减少二氧化硫的排放(目的是减少酸雨)、在特定条件下使用新配方(含氧添加剂)汽油、对使用或储存危险物质超过临界量并可能对周边社区构成重大危险的设施实施许可制度②,另外还要求对可能造成重大事故的化学物质及设备实施风险管理并公之于众。

清洁土壤

与对空气、水污染的立法相比,对土壤中危险物质的环境立法在设计和目标上完全不同。首先,土壤会长久留存污染物。其次,清理土壤污染需要进行物理清除并支付清理费用。以下三个主要法规对应由谁来支付这些费用进行了说明:

1. 《资源保护和恢复法案(RCRA)》

该法于 1976 年颁布,系由立法者为了保护环境与自然资源而专门制定的,同时在对危险废物的处置上采取了"从摇篮到坟墓"的立法方式③。该法禁止实施露天倾弃危险废物的行为,鼓励露天垃圾场使用对环境和公众健康无危害的设施。《资源保护和恢复法案》主要规定了经营范围为危险物质处置的公司的责任。

2. 《综合环境反应、补偿与债务法案(CERCLA)》

在《资源保护和恢复法案》(RCRA)颁布四年之后,美国国会

---

① 罗滕伯格,埃里克·B 和迪恩·杰弗里·戎勒戈,环境风险管理:桌面参考书,RTM communication 公司,亚历山大市,维吉尼亚州,1991 年,第 5 – 10 页。

② 美国法典第 42 卷,第 7401 – 7642 款。

③ 美国法典第 42 卷,第 6901 – 6992k 款。

认为《资源保护和恢复法案》（RCRA）不能充分地解决环境问题，尤其是对过去产生或遗弃的危险废物问题，因此美国国会批准通过了《综合环境反应、补偿与债务法案》（CERCLA）。《综合环境反应、补偿与债务法案》（CERCLA）规定，当危险物质出现"对公众健康或财富产生迫在眉睫、实质的危险"时，美国政府（美国国家环境保护局）具有实施紧急清理措施的权力。随着1986年《超级基金修正案和重新授权法案》（SARA）的颁布，《综合环境反应、补偿与债务法案》（CERCLA）也随之进行了修订①。目前美国国会正考虑对《综合环境反应、补偿与债务法案》（CERCLA）进行再次修订。

《综合环境反应、补偿与债务法案》（CERCLA）也被称为"超级基金"。超级基金是对《综合环境反应、补偿与债务法案》（CER-CLA）所创立的危险物质信托基金的称谓，当相关责任方无能力或者无法支付清理费用时，美国国家环境保护局（EPA）可为受到遗弃的危险废物堆的清理提供资金支持。

《综合环境反应、补偿与债务法案》（CERCLA）通过强大的责任机制要求环境污染责任方尽可能地支付清理费用。相关司法解释认为《综合环境反应、补偿与债务法案》（CERCLA）包含以下三种类型的责任：

（1）连带责任

连带责任是指在确定责任时不考虑责任方之间的责任比例问题。如企业虽仅对某次污染部分地承担责任，但连带责任将使该企业对所有的环境清理承担责任。

（2）追溯责任

追溯责任是指当前的产权人对所有必要的环境清理费用负责，

---

① 美国法典第42卷第9601-9675款。

包括之前的产权人基于当时法律环境从事的合法经营所导致的污染。

（3）严格责任

严格责任是指在没有犯罪意图或损失分担的情况下的一种责任确定的方式。只要当前的污染程度达到不可接受的水平，就需要为目前的环境清理负责，即使当前的产权人一直遵照合法的行为标准活动。

《综合环境反应、补偿与债务法案》（CERCLA）列明了需对清污费用负责的四类人群：

（1）当前的产权人/危险废物设施运营商；

（2）在处置危险物质时拥有或运营该设施的任何人；

（3）安排其他拥有或运营设施的主体（生产者）来处理与处置危险物质的任何人；

（4）将危险废物运送至某一设施的承运人。

另外在司法实践中，出租人也负有对其物业的环境事项实施控制的责任，无论其是否实际出租，出租人也将对清污费用负责。

3. 地下储油罐（USTs）相关法案

地下储油罐（USTs）是燃油经销商、政府、大型公司、其他储存大量燃油的组织所采用的最为普遍的石油储存方式。美国大约有一百四十万个地下储油罐。美国国家环境保护局（EPA）估计高达百分之三十五的储罐存在着泄漏。到1992年为止，已确认了十八万五千起地下储油罐泄漏事件。估计总的修复费用在三百亿美元到四百亿美元之间[①]。美国国家环境保护局（EPA）估计每泄漏一加仑的汽油将污染可供五万名城市人口使用的饮用水。由于一半美国人将地下水作为饮用水，立法者曾经考虑过通过制定规则来处理储油罐

---

① "地下储油罐：向前有一个繁忙的十年"，环保时代，1992年11月，第31页。

危机。管理储油罐的规定包括泄漏检测或存货控制要求以及储油罐检测、记录的保存和报告、故障排除、关闭、故障排除的经济责任以及第三方责任。新储油罐的性能标准包括对设计、建造、安装、泄漏检测和兼容性的相关要求①。

司法系统的角色：注意义务标准和企业责任

随着环境风险问题的不断涌现，政府已经不愿意代表全社会来承担这种责任了。因此，政府福利计划通常也不再是不可或缺的一部分。当然，政府已经把承担风险的责任转移给了那些制造风险的责任人。不管污染者的行为是否已获得政府许可，政府已经在这么做了。"污染者付费"这句话就指的是这个原则。通过设置严格的注意义务标准，政府将侵权制度作为责任重新分配的一种机制。

通常来说，法院已经在环境索赔方面采用了企业责任原则（侵权理论在产品责任索赔上的运用）②。企业责任原则为环境索赔和有毒化学品导致的人身伤害施加以严格责任。在环境索赔中，一个基本的要求就是证明被告的行为与原告的人身损害之间存在因果关系。这种因果关系可以用不同的方式加以证明。虽然企业责任学说修改了过错行为标准，但仍需要证明因果关系的存在。

处理环境风险的最大难点在于，大部分化学品存在毒性的科学证据不足并且化学品与个人疾病和环境损害之间因果关系的证据更加有限。这些限制存在于毒理学和流行病学领域，由于人类和动物之间敏感性的差异，从生物多样性的角度，推断出人类罹患癌症风

---

① 罗滕伯格，埃里克·B和迪恩·杰弗里·忒勒戈，环境风险管理：桌面参考书，RTM communication公司，亚历山大市，维吉尼亚州，1991年，第151页，第154页。

② 米伦豪森，托马斯·C，"环境和毒物侵权索赔的保险保障"，威廉·米切尔法律评论，1991年，17，第945页。

险也因此削弱了。在一些学术研究中，动物比人类的风险暴露程度更高，因此这些学术研究的推断过程也充满着不确定性。

有关环境风险方面的科学文献也不愿对环境危害与人类疾病之间是否存在因果关系下肯定性的结论。毒理学家不愿将许多化学物质都贴上致癌物的标签，也不愿意仅根据动物感染疾病的试验就得出人类面临公认风险这样的结论①。此外，也没有确凿的证据去支持进行更多的科学研究和风险评估来澄清这种状况②。

由于无法明确危险物质的暴露与疾病之间的关系，当个人提出人身伤害索赔时，公司将花费巨大的交易成本和法律费用去确定谁应为损失负责。以至于像石棉肺（慢性肺部疾病）和间皮瘤（肺部或腹腔黏膜的一种癌症）这样的疾病，即使这些疾病的因果关系更容易理解，法院也很难对责任进行分配③。

基于上述原因，无论对因有毒化学物或产品遭受损害的原告还是对被指控应负有责任的被告来说，企业责任制度均引发了诸多问题。对于原告，最大的问题就是需要去证明危险物质暴露和人身伤害或疾病之间存在因果关系④。在一些案例中，即使原告清晰地证明了存在着人身损害，但因不能证明因果关系也将无法获得赔偿。在另外一些案例中，尽管在毒物暴露和疾病发生之间几乎不存在着联

----

① 克劳斯，南希，T. 茂福斯和保罗·斯拉夫，"直观毒理学：专家和关于化学风险的无经验判决"，风险分析，1992 年，12，第 215 - 232 页。

② 格雷厄姆，约翰，劳拉·格林和马克·罗伯茨，寻找安全，哈佛大学出版社，剑桥城，马萨诸塞州，1988 年。

③ 见安德森，科比，"人身伤害诉讼：在极少量的石棉物质暴露下雇主无责任"，石棉消除报告，布拉夫出版社，华盛顿特区，4（10），1990 年 10 月 15 日，第 7 页，及卡卡雷克，詹姆斯·S 等，石棉诉讼的费用，兰德研究院民事判决研究，圣塔莫尼卡，加利福尼亚州，R - 3042 - ICJ，1983 年，第 3 - 4 页。

④ 罗宾，罗伯特·L，"环境责任和侵权制度"，休斯顿法律评论，24，1987 年，第 27 页；吉恩斯格格，威廉·R 和洛伊斯·怀斯特，"有毒物质侵权的普通法责任：虚幻的补救"，霍夫斯特拉法律评论，9，1981 年，第 859 页。

系，原告也有可能获得损害赔偿金。

　　某种程度上，被告认为由于缺少因果关系的证明，因此责任是随机分配的，判决不太可能产生预期的矫正效果。更有可能的是，因被告感觉他们被置于随机的、昂贵的责任之下，他们因此会放弃整个区域的经营而不再去继续生产产品或提供服务了[①]。

在分配环境风险上司法系统的无效率

　　鉴于环境风险的不确定性以及涉及群体的数量众多，因此解决环境责任的法律诉讼费用是相当高昂的。已有若干个重要的研究对通过法院系统来分配环境责任的花费进行过探讨。接下来的章节将对索赔人在侵权责任案件中获得的赔偿和在保险上获得的经济补偿进行详细比较。

　　侵权责任案件的交易成本使得通过司法救济获得损害赔偿变成了一种昂贵的方式。不断上升的诉讼成本有可能增加交易成本在总体清污或赔偿支出中的占比。兰德的研究报告和我们的分析表明，在接下来的数十年里，诉讼花费将超过石棉人身伤害索赔人所收到的净赔偿额的四倍。

Ⅲ. 小结

　　通过把企业责任概念应用到产品责任案件中，侵权制度发展出了严格责任的基本规则。最终，企业责任也延伸到了环境责任领域。注意义务标准将严格责任带到了环境案件中，并逐渐在环境立法、规则或者司法解释中体现出来。通过司法系统的交易成本和法律费用非常昂贵。

---

　　① 胡贝尔，彼得·W，责任：法律改革即期后果，基础图书出版公司，纽约，1988年。

　　高额的交易成本表明，通过环境风险的备选制度将可提升基金在清污费用或损害赔偿金上的使用效率。

　　在接下来的章节中，我们将验证保险是否能够在资源分配上成为比侵权责任系统更为有效率的工具。

第三章　保险与风险管理

如今，政策制定者的关注点是把责任风险转移给私人部门承担并把资源更有效地投入到清污和赔偿方面。本章将讨论保险在管理社会风险上所能发挥的作用。第一部分将介绍保险的发展史，以及保险在减少和控制风险损失（如火灾）上所起的作用。第二部分将仔细审视保险的特征，正是因为如此保险才能在管理社会风险方面引人瞩目。第三部分将讨论再保险的作用，也正是因为有了再保险才使保险公司（尤其是小保险公司）能以合理的价格为客户提供保险保障。最后一部分将分析保险作为一种处理责任问题（包括环境责任）的工具的交易成本问题。

我们认为，保险所具有的一系列内在特质使保险在减少未来风险的同时可以被用来处理损失的赔偿。我们也坚信用保险管理环境风险的交易成本要显著低于当前法律制度下的交易成本。

Ⅰ. 保险－历史视角

在发达国家，保险作为一种降低和分担风险的工具长期以来都在发挥着作用[①]。公元前 1950 年颁布的《汉谟拉比法典》提出了船舶抵押契约的概念，为保险的制度化奠定了基础。船舶抵押契约是

---

① 接下来的历史账目来自科埃略，V. J 和曼姆鲍威尔，"风险分析和风险管理：历史视角"，风险分析，5，1985 年，第 103－120 页。

有关船舶、货物或者运费的海商合同的基础，运费中的百分之十五到百分之二十五都被用于缴纳风险保费以保障船舶和货物的损失。大约公元前 750 年，从事装运运输的各方按比例分担运输过程中遭受的所有损失，这时风险分担的概念就已正式形成了。

在罗马帝国灭亡后，保险暂时从西方文明社会消失了，但是大约公元 1000 年在意大利港口城市，保险又以海上保险的形式重新出现。在 12 世纪到 14 世纪，保险作为汉萨同盟的组成部分获得了高度的发展。1666 年伦敦大火之后，火灾保险也发展起来了，并且火灾保险在伦敦极为流行。19 世纪早期新英格兰的工厂互助保险公司就是把保险作为一种分散、减少社会风险的可行方法的最好例证①。这些互助保险公司为工厂因火灾导致的潜在大额损失风险提供保险保障，而工厂只需缴纳少量的保费②。为了降低承保风险，互助保险公司要求在保单签发前和生效后这两个时点对工厂进行检查。若被认为是风险差的客户，保险公司将取消他们的保单，而那些制定了损失预防措施的工厂却可获得保费优惠③。

互助保险公司获得了火灾承保经验后，他们专门设置了内部的研究部门来研究引发火灾的因素以及减少损失的防范措施。如波士顿制造商互助保险公司在鼓励灯具制造商开发更加安全设计的同时，也要求保单持有者仅从符合保险公司要求的灯具生产工厂处购买灯

---

① 班布里奇，约翰，思想传记：互助火灾和灾害保险的故事，双日公司，花园城市，纽约，1952 年。

② 互助保险公司是一类由保单持有人拥有和运营并为其自身利益服务的保险公司。保单持有人选出董事会，董事会选出管理者来管理公司。

③ 为了证明这个观点，参考 1865 年波士顿制造商联盟主席爱德华·曼森为新英格兰纺织厂所做的以下检查，波士顿制造商联盟是第一批为工厂提供火险的互助保险公司之一："增加一个额外的压力泵同时续签，如果不增加，续签费用为每一万美元 1.25。"（来自：班布里奇，约翰，思想传记：互助火灾和灾害保险的故事，双日公司，花园城市，纽约，1952 年。）1.25 的意思是如果工厂不额外增加压力泵，保险公司将按照每一万美元额外收取 1.25 分的保费。

具。制造商互助保险公司也聘请研究人员去研究减少火灾风险的方法，如开发不可燃润滑油等。随后，制造商互助保险公司把他们的研究成果分享给了行业协会，并把预防火灾的教育手册分发给纺织厂的所有权人①。

诸多案例表明，互助保险公司只给采取了特定损失预防措施的企业提供保险。如，纺织者互助保险公司仅承保已安装了自动喷淋系统的工厂。罗德岛的制造商互助保险公司制定了消防软管的规格，并通知工厂只能购买符合该软管规格要求的产品。通过研究并要求客户采取损失预防措施、在保单签发或者续保之前对工厂进行检查等手段，19 世纪的保险公司能够大幅减少损失，并且可以为以往不予承保的风险提供保险服务②。

II. 保险特征

分散风险

如果一个企业独自承担火灾导致的全部财产损失，那么将对企业造成严重的影响。如果该企业只是损失了一部分财产，那么企业受到的影响就不会那么严重。如果该企业购买了火灾保险并与其他企业共同分担损失风险，这将进一步降低火灾对企业造成的经济影响。因此，保险可以使企业免予独自承担生产经营的事故风险。

如上所述，保险可以在广泛的群体（许多企业）中分散个体事件（火灾）造成的经济后果。这样做将减少不可预见事件对个人或企业所造成的灾难性后果，同时将这种后果转移给第三方来承受。这个第三方通常是保险公司，保险公司通过向多方收取保费来支付

---

① 同上。
② 同上。

意外事件导致的损失。保险往往是自筹资金的，它通过保费积累来支付未来的索赔①。

减少差异

当保险集中了大量已知概率的独立（不相关的）风险时，风险之间的差异就缩小了②。从统计学上来讲，集合大量的同质风险可使损失的概率和严重程度更加确定。基于大数法则原则，随着样本数量的增加，某一特定类型的每个可测事件（如损失）的概率就趋近于所有事件的均值。这就意味着风险集合比单个风险更加容易评估该风险所导致的潜在损失的程度和频次。相比大群体的损失频率和严重性，个体或者小群体则更加难以评估。

大数法则能够相对确定地回答类似"今年大都市超过二十五岁的驾驶员多久会发生一次交通事故"和"他们总的修理或更换配件成本是多少"这样的问题，却不能评估出某一个超过二十五岁的特定驾驶员的风险水平。

精确的评估可以让保险人更加准确地判断需要为未来损失预留多少的风险准备金。这样，保险公司所必须保留的准备金数额只要在平均预期损失的正负百分之十三至百分之五的幅度内就可以了。如果仅使用个人的风险数据来确定需保留的准备金，那么准备金就可能不只是平均预期损失的正负百分之二十了③。

风险分类

保险在风险分类方面做得最好。保险可以区分潜在保单持有人

---

① 赖达，乔治，保险原理，斯科特，福尔曼公司，格伦夫尤，伊利诺斯州，1982年。

② 关于这种现象的数学技术讨论，见普里斯特，乔治·L，"政府，市场和灾害损失问题"，风险与不确定性期刊，1996年。

③ 假设的例子。

的类型、使用已确定的特征来识别个体的特征（好驾驶人还是坏驾驶人）、企业的类型（卡车还是休闲汽车）或者具有不同风险暴露的群体（是普通的承包商还是危险废物清除的承包商）。

风险分类使得保险公司把低风险类别群体（好驾驶人）从风险池（所有驾驶人）中分离出来，并以不同的价格（通常是更低的费率）向低风险类别群体销售保单。这样做就减少了不同风险群体之间的交叉补贴。低风险的被保险人可以根据其风险状况来支付相应的保费，如安全的驾驶人不会支付多余的保费去补贴那些有过多次事故记录的驾驶人。

鼓励减损措施

在建立统一的风险分类过程中，保险公司采取了纠正潜在被保险人行为的措施。保险公司采用了 19 世纪互助保险公司的做法，要求潜在的保单持有者在获得保单之前采取特定的减损行为。实际上，保险公司已经成为安全水平提升的背后推动力量。在 19 世纪，新的保护措施降低了工作场所火灾事件的数量，火灾风险得以下降，社会的整体成本也随之下降①。

保险公司根据个人和企业既往的良好表现，为那些实施降低风险行为的或者有着优于平均水平记录的客户提供保费优惠。人身保险为不吸烟的人相较吸烟的人提供更加优惠的费率。如果客户使用安保系统、防盗保险箱以及其他损失预防装置，保险公司可为其提供保费优惠②。汽车保险为过去几年间未发生过保险事故的驾驶人提供保费优惠。保险公司通过使用经验费率来鼓励那些减少整体风险

---

① 班布里奇，约翰，思想传记：互助火灾和灾害保险的故事，双日公司，花园城市，纽约，1952 年。

② 格林，马克 和古斯塔逊，风险与保险，西南出版公司，辛辛那提，俄亥俄州，1988 年。

暴露的行为。

监督和控制

保险提供了一种有价值的功能，即监督被保险人的行为。通常，保险公司需要监督、核实被保险人的行为方式是否与承保标准相一致，监督方式可能只是简单地核实被保险人的驾驶记录，也可能烦琐到去检查制造商的设备。

保险人并不总是亲自进行检查或审核，有时也会雇用有资质的调查人员或者专家。例如，19 世纪一些严重的蒸汽锅炉事件发生后，保险人在承保锅炉之前会聘请有资质的检查人员来监督和验证锅炉的设计。如果检查人员认为锅炉的设计符合标准，那么保险人就会为锅炉的爆炸提供涵盖任何损失的保险保障。因为保险公司知道如果锅炉通过了认证，那么锅炉爆炸的发生概率将会很低。事实上，保险公司开展的运营监督对审查被保险人的行为是否符合其他主体的要求（如政府）是有明显益处的。美国蒸汽锅炉运营者通过获得锅炉保险认证来满足政府规则的要求，这种状况持续了大约一百年。今天仍在讨论要使用经认证的第三方检查人员来监督液氨工厂，《清洁空气法》修正案【Sec. 112（r）】要求工厂要为减少工厂内灾害事件的几率和损失制订恰当的计划。以检查人员的报告为依据，新兴的保险项目可清晰地界定风险概率并为之提供保险保障①。

Ⅲ. 再保险的作用

再保险是为保险公司提供的保险，原保险则是为保单持有人或

---

① 埃尔，Jwee Ping，霍华德·昆鲁斯 和伊萨多·罗森费尔德，"在利用第三方检查来预防主要的化学品事件中的挑战"，沃顿商学院：风险管理和决策程序中心工作报告，1996 年。

产权人提供的保险。再保险为原保险公司提供了一种避免遭受不可预见或者非同寻常损失的途径。是否有再保险支持是原保险公司（巨型保险公司除外）能否提供巨灾风险性质保单的前提条件。在再保险合同中，再保险公司（或者分入保险公司）向原保险公司（分出保险公司）收取保费以弥补原保险公司的全部或部分损失。

再保险合同最普遍采取的方式是合约，合约是一种宽泛的协议，用来保障某一特定类型业务的部分风险①。市场上存在着几种类型的合约，每一种合约都涉及保险人和再保险人之间不同的份额安排。为了证明这些合约类型之间的差异，我们假设了一个案例。因一场大火导致雅阁保险公司的被保险人遭受一千万美元的损失，根据雅阁保险公司与再保险公司的比例再保险合约，双方同等比例分摊赔款损失，这样雅阁保险公司与再保险公司各自要支付五百万美元的赔款。

如果两家公司之间签订了超额赔款合约，雅阁保险公司需要负责特定限额以下的所有损失，而再保险公司需要支付特定限额以上的损失，直到双方再保险合约约定的最大金额为止。如果再保险合同约定承担一百万美元之上的五百万美元损失，那么雅阁保险公司将支付第一个一百万美元的损失，再保险公司将支付接下来的五百万美元损失，然后雅阁保险公司再对超过六百万美元以上的损失负责。即在这个案例中，雅阁保险公司需要支付剩余的四百万美元的损失。

Ⅳ. 侵权责任和保险的赔付能力

有一个方法可以衡量各种赔偿方式的效率，就是计算用于支付

---

① 一个相对不太普遍的再保险形式是临时分保合同，它保障分出保险人的一个特定风险，并且经常出具给一个潜在具有重大损失风险的业务，例如坠机。

损害赔偿的金额在总体金额中的占比。在环境损害领域，索赔通常由人身损害赔偿和修复费用两部分构成。通过对资金支出数据的分析可知，使用侵权责任制度产生的巨大交易成本是侵权责任制度的主要危机。通过对比发现，保险通常能将大部分资金用于赔偿方面。在比较侵权责任和商业保险的相关支出后，保险的这种优势就更加明显了。

侵权责任

赔付能力描述了通过侵权制度（如可赔偿的损害）、政府资助或是自愿支付的保费等方式募集到的资金在费用和损失索赔上是如何分配的。

在侵权责任案件中赔付能力适用于两种范围，一个是不间断的诉讼——CERCLA 责任，另一个是石棉责任，这都为证明侵权制度的高昂交易成本提供了有力的证据。

尽管 CERCLA 和石棉案件性质存在显著的差异，但在基金分配方面却极其相似。这两类案件的交易成本大约均消耗了基金的百分之六十，只剩下百分之四十用于实际的损害赔偿。

兰德民事司法研究所通过研究得出上述交易成本的分析结论①，这和美国精算师协会得出的研究结论相一致②。兰德的研究仔细核查了 CERCLA 责任的相关花费，并确定了最终赔偿金额占总支出的比例，如污染场地修复的费用占比。这个学术研究囊括了另外六个关于 CERCLA 花费的研究成果。兰德另外一项关于石棉诉讼的研究揭

---

① 狄克逊，劳埃德·S，黛博拉·S. 德雷兹内和詹姆斯·K. 哈梅特，18 个超级基金地址的私人部分的清污费用支出和交易成本，兰德民事司法研究所，圣塔莫尼卡，加州，1993 年，表格 4.1，第 30 页及卡卡雷克，J·S 等，石棉诉讼成本，德民事司法研究所，圣塔莫尼卡，加州，1983 年，表格 6.2，第 40 页。

② 巴格瓦图拉，拉加等，公共政策专题论文，1998 年 8 月，"超级基金下的花费：改革中的近期研究和评论的综述"，美国精算师协会，华盛顿特区，1995 年 8 月，第 4 页。

示了原告在石棉人身损害索赔案件的花费情况。

CERCLA 花费

这个分析来自于兰德对 CERCLA 责任支出的交易成本调查。1993 年，兰德做了一项对私营部门 CERCLA 场地清污费用支出和交易成本的比较研究。研究结果表明，对中小型企业而言，交易成本占据了 CERCLA 场地开支的百分之六十[1]。该研究认为，交易成本中百分之七十五是诉讼开支，其余是由非政府批准的工程研究或者与法律无关的成本构成。诉讼成本则是确定潜在责任方（PRPs）、保险人和（或）政府的经济责任的法律费用开支[2]。

美国精算师协会也对几个超级基金的花费情况进行了评估，其中包含了 1995 年国会预算局发布的报告。该协会估计私人交易成本约为 CERCLA 所积累资金的百分之五十[3]，这还不包括政府花费的部分。

表 3.1　截至 1982 年 8 月 26 日已结案的石棉索赔支出的分类表

项目	每个已结案件（＄）	总支出 + 赔偿（％）
总辩护支出 + 赔偿	95000	100％
总抗辩费用	35000	37％
原告的诉讼支出	25000	26％
原告收到的净赔偿	35000	37％

---

[1]　狄克逊，劳埃德·S. 黛博拉·S. 德雷兹内和詹姆斯·K. 哈梅特，18 个超级基金地址的私人部分的清污费用支出和交易成本，兰德民事司法研究所，圣塔莫尼卡，加州，1993 年，表格 4.1，第 30 页注明"中小型企业"是指每年财务预算不超过 1 亿美元的企业。大企业的数字是大约 32％。用中小型企业对我们的比较来说更相关，因为这些企业通常会购买更多的保险，正如 1994 年《风险调查成本》所说的那样，韬睿咨询公司和风险和保险管理协会（RIMS），纽约，1994 年，表格 5，第 39 页。

[2]　第三方提出的财产损失和人身伤亡索赔是除外的，可以增加到上述列明的百分比中。兰德把这些数字除外掉是因为他们与清污费用不直接相关。需要说明的是保单提供第三方财产损失和人身伤害索赔的保险保障。

[3]　巴格瓦图拉，拉加等，公共政策专题论文，1998 年 8 月，"超级基金下的花费：改革中的近期研究和评论的综述"，美国精算师协会，华盛顿特区，1995 年 8 月，第 4 页。

兰德和精算师协会的研究成果显示，诉讼和相关花费消耗掉了
CERCLA 责任准备金的很大一部分。侵权制度在交易成本上的开销
耗费了 CERCLA 责任准备金的百分之六十。

石棉花费

石棉和 CERCLA 截然不同。CERCLA 包括了政府强制执行的清
污责任，而石棉诉讼主要是人身伤害案件，即人类由于接触石棉纤
维所造成的多种多样疾病，包括间皮瘤、石棉肺和肺癌。石棉索赔
是个人的人身伤害赔偿，与之相对的是环境损害补救。虽然石棉和
CERCLA 有很大的区别，但是在交易成本上却和用侵权责任制度寻
求救济惊人的相似。

为了获取这类费用的数据，兰德对石棉诉讼成本进行了研究[①]。
研究结果呈现在表 3.1 中，这张表显示了石棉诉讼的原告和被告的
支出以及这些支出之间的分配关系[②]。需要注意的是原告实际获得的
赔偿仅为一美元中的三十七美分。

兰德的科学家黛博拉·R. 韩斯乐为该数字提供了进一步的支
持，她于 1991 年 10 月在白宫司法委员会听证会上证明了石棉案件
的交易成本占总体石棉索赔支出的百分之六十[③]。这个比例与之前兰
德关于中小型企业分担 CERCLA 交易成本的研究结果显示的百分之
六十一致。在这两个案例中，在侵权责任体系下，基金中只有百分
之四十用于预期的清污和赔偿方面。

---

① 卡卡雷克，J. S 等，石棉诉讼的费用，兰德研究院民事判决研究，圣塔莫尼卡，
加利福尼亚州，1983 年。

② 同上，表格 6.2，为了集中注意力在净赔偿上，第 40 页的表格 2.1 对表格 6.2 作
了细微的修改。

③ 韩斯乐，黛博拉·R，美国的石棉诉讼：一个简单的陈述，兰德民事司法研究所，
圣塔莫尼卡，加利福尼亚州，P‐7776‐ICJ，1991 年，第 10 页。

保险

事实已经证明：在保费的分配方面，保险对所承保的特定责任风险更有效率。

通常，责任保险将所收取保费的百分之六十六用于赔偿[1]。当保险公司承保了特定类型的风险并且发生了保险事故时，保险公司很少通过诉讼方式来解决赔偿问题，因此支付的赔款占总保费的比例甚至超过百分之六十六，如机动车保险[2]。与 CERCLA 相比，保险用于修复和清污的花费占所收取保费的百分之五十八[3]。这与之前讨论的侵权责任索赔的支付比例截然不同。

案例显示，诉讼支出（包括保险公司对保单持有者的抗辩义务）是保险公司管理和承保费用的组成部分，与保险公司的赔款支出是分项列明的。

结论

在分配损害救济和赔偿金方面，保险的确比侵权责任制度更有效率。保险能够将收取保费的几乎百分之六十六都用于损害补偿，而基于相同目的的侵权责任制度仅能将基金的百分之四十用于损害补偿。因此，基于效率考虑，保险作为一种补充的政策工具无疑是合理的。

---

[1] 最好的聚合和平均—财产—灾害：1995 版，A. M. Best，欧德维克，新泽西州，1995 年，第 175 页。表命名为"通过直线承保经验的积累—工业"，行项目为"其他责任"。

[2] 奥康奈尔，杰弗里等，"在机动车保险市场的消费者选择"，马里兰法律评论，52(4)，1993 年，第 1019 - 1020 页。

[3] 莱文，艾伦·M，注册金融分析师，"标准普尔环境责任报告，1996 年 3 月 13 日：环境责任和保险业，"保险新闻网，1996 年 3 月 13 日，http：//www.insure.com/ratings/reports/sp_ enviormental. html。

V. 总结

本章介绍了保险的历史和特征,证明了保险可以成为减少和分散个人与企业未来损失的潜在的有力工具。本章也介绍了再保险在这个过程中所扮演的重要角色。本章证明,保险在环境领域的交易成本显著低于法律体系下的交易成本,尤其是对更小型的企业而言。基于上述数据,对比目前只通过侵权责任制度来处理环境风险的实践,保险显然可以成为更有前途的可行方式。然而,保险对某一特定风险而言,可行性的实现必须同时满足可保性和可销性。我们将在第二部分详细地说明这些问题。

第二部分

环境风险管理

引言：承保环境风险

本书在第一部分中详细地阐述了政府福利计划、法律制度和保险在环境风险管理方面各自的作用，得出了以下结论：公共政策制定者对政府项目的渴望不增反降，尤其是在环境风险管理领域表现得更为明显。同时，目前的法律制度用在交易成本上的开支要高于用于赔偿给原告或者清理污染上的，这就为用保险来减少环境风险损失以及以更低的花费来提供更好的补救措施提供了机遇。

在第一部分也指出了保险具有优于目前环境风险管理的其他有利条件：

首先，保险公司有动机并有专业技术来收集有关某一特定风险性质的科学数据，并根据这些数据来厘定保险费率。而其他企业通常不会开展类似的风险识别工作。

其次，在签发保单之前，保险公司有商业动力去进行风险审查和监控以便更精确地评估风险。

最后，通过监控客户行为，保险公司在减少环境风险损失方面发挥着作用。如果一个清理石棉的承包商投保了第三人罹患石棉肺而提起索赔的保险产品，那么他就无须担心空气中有多少石棉颗粒了。而另一方面，保险公司却对空气中有多少石棉纤维更为关注，并有动力去监控清污过程。

在接下来的章节中，我们将探讨保险在预防某些环境风险中所将发挥的作用。第四章将讨论可保性和可销性问题。

在第五、第六章中将介绍为现存设施中石棉责任提供保障的保险产品以及开发和营销环境保险产品的经验。在第七章中将提供承保其他类型的环境风险以及识别某一风险是否可保性经验。在最后一章中将回顾保险的优势与不足，并且对经过市场检验的实例经验进行总结。

侵权责任和责任保险的关系

近年来，学术研究集中在对侵权责任、环境风险和责任保险之间的相互关系的研究。肯尼斯·S，亚伯拉罕[1]发表了这个领域内最有见识的著作，该著作是在对美国法律研究院的两卷关于处理"个人人身伤害的企业责任"的书籍进行广泛研究的基础上创作完成的[2]。

讨论聚焦在使用侵权制度"创设"责任和责任保险对新的侵权行为的"反应"上。实际上，侵权制度和责任保险的共栖关系无疑是该讨论的核心问题[3]。

在接下来的章节将要解决开发承保环境风险的保险产品，以及保单条款的解释、可变环境风险的量化、易变的法律标准、考虑变幻莫测的责任问题的保险营销和潜在客户的风险容忍度（真实的和假想的）等问题。

接下来的章节将介绍保险公司设计产品的目的和过程，充分体现了学术关注的保险、侵权责任和环境风险之间的适当关系。在这个关系网中，开发保险产品并使保险的优势在风险管理这个新兴领域得以应用成为可能。

---

① 见亚伯拉罕，肯尼思·S，环境责任保险法律：关于有毒物质侵权和危险废物保险保障争议的分析，普伦蒂斯·霍尔出版社，1991年。

② 见卷—第二章"侵权法和责任保险"和卷—第十一章"环境人身损害"。

③ 见赛维路德，肯特，"责任保险购买的逻辑"，得克萨斯法律评论，72，1994年，第1629页。

当环境保险的理念与可保性条件发生冲突时，需要注意以下两个基本问题：

第一，法院的判决经常要求保险公司支付超出保单范围的损害赔偿。这是一个有关保单保障范围解释的问题，责任定义的不断变化使得这个问题更加凸显。由于保单语言解释在不断变化，保险公司很难准确地确定损失和损失限额，同时在厘定保险费率方面变得极为困难。为了解决这个问题，需要保持保单语言的完整性。每一张保单规定了合同的保障限额，设立了最大可能损失（"MPL"），同时精确地描述了所承保的风险。如果保单语言的解释与保险公司的本意相悖，那么保险公司所收取的费率就无法涵盖最大可能损失的剧烈变化，最终将可能导致保险公司亏损①。

第二，关于统计上的损失频率和损失程度的有效信息有赖于历史的索赔经验，而环境领域却不存在这样的历史索赔经验。因此，保险公司不能使用传统的精算技术去计算环境保险产品的潜在索赔构成。面对这些问题，保险公司往往选择了不去开拓环境保险市场。

为了处理这个问题并厘定适当的费率，保险公司必须确定不同级别损失的频率以及最大可能的保险损失。大部分环境风险是政府政策变化导致的结果，而且只是到了近期政府才对环境风险进行了较为明确的分类。由于制定费率所依赖的历史数据十分有限，因此保险公司必须找到评估损失的其他方式，这就要依靠系统工程学的研究。

---

① 杰克逊小镇案，法院要求保险公司赔付地下水污染。保单表明其仅保障"突然的和意外的损害"。法院则解释为"意想不到的和非故意的"。保险公司提起了上诉并且最终庭外和解，但是这个案例给保险业释放了一个信号，即保险公司要对保险语言极度的关注。杰克逊小镇案的更多信息见奇克，莱斯利，"可保性问题与清理废弃危险废物场地相关"，昆鲁斯，霍华德和拉杰夫·高达，综合保险和危险废物风险管理，波士顿，马萨诸塞州，克吕韦尔学术出版集团，波士顿，1990年。

第四章 风险的可保性和可销性

显然，保险只是解决风险的可行性方案之一，并且要开发出适于销售的保险产品，风险还必须具有可保性。什么样的风险才可保？开发出相应的保险产品是否就意味着可以销售了呢？可保意味着保险公司可以准确地设定费率来精确地反映风险。可销意味着必须有足够多的个人或企业愿意以覆盖保险公司赔付成本和利润的价格来购买保险产品。

决定风险是否可保以及保险产品是否可以销售是这一过程的两个阶段，这两个阶段通常都是并行考虑而不是依次考虑的。本章的第一部分讨论的可保性和第二部分讨论的可销性暗示着这两个阶段的非线性次序关系。本章在第三部分中描述了保险公司如何基于可保性和可销性原则来设定保险费率以及再保险所能发挥的作用。

I．两个可保条件

需要满足两个基本条件，保险公司才能为某种不确定事件提供保险保障。首先，保险公司有能力识别并尽可能量化风险。保险公司在提供不同程度的保障时必须有能力评估其所将遭受的损失程度。其次，保险公司有能力为每一个潜在客户或者客户群来厘定保险费率。这就要求保险公司需要对投保客户的风险信息与其他潜在被保险人群体的信息的关系有所了解。

一个可保风险需要同时满足上述两个条件，即使这样保险公司也不能确保该保险产品一定是有利可图的。如果保险公司制定的费率不被市场所接受，就将会导致没有足够的市场需求，那么保险公司也不可能会盈利，这样的保险产品仍然不会有市场。

条件 1：识别风险

要满足这样的条件需要评估（1）特定事件发生的频率；（2）发生这类事件时损失的程度。举三个案例来说明识别风险所需要的数据类型。这些数据在某一些案例中可使保险公司能够详细地列明保险费率估算值，而在另一些案例中就可能不那么具体了。

A. 火灾

通常保险公司的费率制定部门会收集到一定时期内特定风险和风险单位发生的所有损失数据。假定风险是火灾并且风险单位是一个界定明确的法人实体，如在加利福尼亚承保了一个木质框架房屋，保险期间为一年。纯风险保费（PP）计算的标准如下：

纯风险保费（PP）＝全部损失/风险单位的数量[①]　　（4.1）

假设费率制定部门收集到了加利福尼亚的十万个木质框架房屋的数据，并且确定在过去一年里这种类型的房屋因火灾导致的全部损失为每年二千万美元。对所收集到的数据进行分析就为确定损失发生的概率和程度奠定了基础。如果这些数据预示着下一年度相同的十万个风险单位的预期损失，则纯风险保费（PP）为：

纯风险保费（PP）＝ ＄20000000/100000 ＝ ＄200

这里的二百美元只是一个简单的算术平均值，并不能够区分加利福尼亚州的木质框架房屋的位置、消防栓与每个房屋之间的距离以及

[①] 纯风险保费通常会考虑解决索赔的损失调整支出。我们假定这项支出是全部损失的组成部分。有关纯风险保费计算的更多细节见劳里，J.，J. 李和 N. 巴利尼，财产和责任承保原理（第三版），美国保险协会，莫尔文，宾夕法尼亚州，1986 年。

不同社区消防部门的数量，通常承保人在厘定费率时会将所有这些因素都加以考虑，这样承保人计算的费率就能够反映特定的风险。

B. 地震

如果有关于不同等级地震对加利福尼亚州木质框架房屋造成损失的充足数据，那么承保人就可以用与上述火灾计算类似的方法来确定损失的频率和程度。但地震很少发生并且只有极少数的房屋投保了地震保险，因此这种分析方法基本上行不通。保险公司就需要借助地震学家和地质学家的科学研究来评估不同等级地震的频度以及对不同构筑物可能造成的损失。即使这样，保险公司也只能笼统地识别风险。

图4.1展示了计算加利福尼亚地震对木质框架房屋造成损失的纯风险保费所需的信息。X轴（损失程度）表示一次地震可能导致木质框架房屋的全部损失，Y轴表示加利福尼亚某一个特定地区的木质框架房屋因一次地震所遭受特定程度的损失的年概率。

如果这些数据能够从科学研究中获得，这个案例的纯风险保费将等于图4.1曲线上所示的预期损失（E（L））。

1964年的阿拉斯加地震之后，地震学家和工程师收集到了相当多的损失数据，这些数据提升了我们对不同地震强度下各种建筑物和构筑物性能的认识[①]。然而地震学家和工程师却不能准确无误地预测出加利福尼亚特定区域的不同烈度等级地震的发生概率，他们仅能对此类风险做出较为保守的估计。例如，他们能估算出地震可能发展为图4.1点*A所示的最差情形。

当地震学家能够对大多数地震进行预测，并且当工程师能够测算出地震发生时木质房屋的最大损害时，我们就能够测算出纯风险保费。

C. 地下储油罐（USTs）

---

① 沙，哈莱施等，"管理地震风险"，风险与不确定性杂志，（印刷中）。

假如保险公司想识别一项新兴技术（例如地下储油罐的一项设计改进）的风险并评估纯风险保费，由于缺少与该风险相关的历史数据，保险公司不得不去依靠科学研究来评估泄漏储罐特有缺陷（i）的概率（p_i）和清污费用（L_i）。

如果保险公司能够评估储罐的性能和不同泄漏程度下的清污费用，那么保险公司就能够识别这个风险。另外，如果保险公司对频率和损失的估算并不确定，那么保险公司就很难精确描述出风险的特征。在这种情形下保险公司就会认为地下储油罐是一种不可承保的风险。

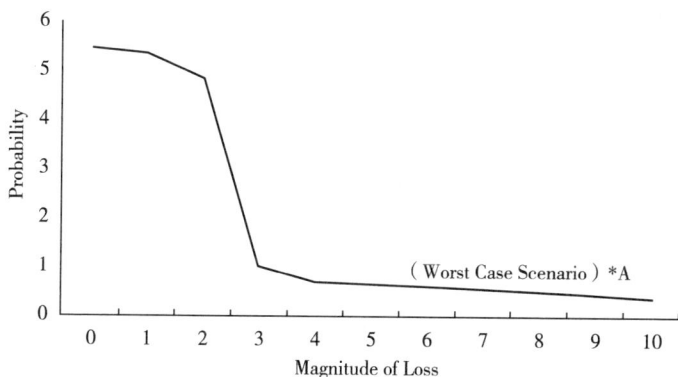

图4.1　决定加利福尼亚一次地震中一个木质框架房屋的预期损失

条件 2：厘定特定风险的保费

在某些案例中，一旦能够识别并量化风险，保险公司就能够确定应收取的保费水平并确保盈利。在确定收费水平时，有多种因素都将对费率计算产生影响①。

―――――――

① 在乔治·狄昂和斯科特·哈林顿的论文中以及狄昂，乔治和斯科特·哈林顿的"保险经济介绍"可以发现关于这些保险定价因素和保险市场的生命力的影响的理论文献综述，保险经济基础，克吕韦尔学术出版集团，波士顿，1992 年，以及两位作者编写的其他论文。

A. 风险的不确定性

毫无疑问，如果特定损失的概率和程度的不确定性越高，则相应收取的保费就会越高。下面案例显示，精算师和承保人是不确定性和风险的厌恶者，因此他们会倾向于使用最坏的场景假设和预期损失来评估费率水平①。

一项研究对 190 个随机选择的财产和灾害保险公司的 896 名承保人发放了调查问卷，并以此来厘定地震或地下储油罐泄漏的纯风险保费②水平。地震场景假设下包括了工厂因严重地震事故所导致财产损失的风险。地下储油罐场景假设下包括了拥有有毒化学品的储罐所有者的责任保险。一个中性的风险场景作为这两个场景的参考值。这些只是针对一个未命名的风险给出的概率和损失估计。

针对每一个场景，调查问卷呈现出四种情况，每一个情况都反映了表 4.1 所示概率和损失的模糊性和不确定性的程度。确定的几率（p）表示针对特定事件有相当多的历史数据使"所有专家一致同意损失的几率是 p"。不确定的几率（Ap）表示"专家之间对几率（p）的估计和高程度的不确定性存在广泛的争议"。已知损失（L）表示所有的专家均同意特定事件发生的损失等于 L。不确定损失（UL）指专家对某一损失的最佳估算是 L，但是实际上损失是不确定的，损失从 L_{min} 到 L_{max} 均有可能发生。

场景一显示了众所周知的风险，这些风险有大量的精算数据基础，例如生命、机动车和火灾保险。卫星事故是场景二的一个示例，考虑到其发生的可能性，这类事故通常被认为存在着极大的不确定性，然而如果事故真的发生了，那么卫星将全损并且极容易列明损

---

① 关于调查和结论分析的更多细节见昆鲁斯，霍华德，杰奎琳·梅扎罗斯，罗宾·贺加斯和马克·Spranka，"模糊性和承保人决策过程，"经济行为和组织评论，26，1995 年，第 337 – 352 页。

② 调查问卷介绍中规定纯风险保费不包括"损失调整支出，索赔支出，佣金，保险税，抗辩支出，利润，投资回报和金钱的时间价值"。

失。操场事故阐明了场景三的风险，虽然有关于事故发生可能性的高标准数据，但是一个人受伤或死亡后，责任人被判定的责任大小却有相当大的不确定性。最后，由于地震和地下储油罐风险相当模糊和不确定，因此它们被划归到场景四中。

在给承保人的调查问卷中，场景一设定了确定的几率（p = 0.01）和确定的损失（L = 100 万美元）。另外三个场景均具有模糊性和不确定性。举例说明，就此案例来说 L = 100 万美元，不确定的损失的评估在 L = 0 到 L = 200 万美元之间都有可能发生。

四十三家保险公司（占所有被发放调查问卷的保险公司的百分之二十二点五）共返回了一百七十一份调查问卷（占所有发放的调查问卷的百分之十九点一）。表 4.2 显示了三个场景的平均保险费率水平，与场景一中几率（p）和损失（L）均已知的情况相比，这三个场景的几率（p）和损失（L）均是模糊的和不确定的。数据揭示出承保人在几率和（或）损失较为模糊和不确定的情况下将收取更高的保费水平。

表 4.1　以模糊性和不确定性程度进行的风险分类

	已知损失	未知损失
确定的几率	场景 1 几率 p，损失 L 生命，机动车，火灾	场景 3 几率 p，不确定的损失 UL 操场事件
模糊的几率	场景 2 模糊的几率 Ap，损失 L 卫星，新产品	场景 4 模糊的几率 Ap，不确定的损失 UL 地震，地下储油罐

表 4.2　　　　　核保人以场景 1 为标准制定的平均纯

风险保费率表（p = .01；L = 100 万美元）

场景	几率 p，损失 L 场景 1	模糊的几率 Ap，损失 L 场景 2	几率 p，不确定的损失 UL 场景 3	模糊的几率 Ap，不确定的损失 UL 场景 4
中性（N = 24）	1	1.5	1.1	1.7
地震（N = 23）	1	1.2	1.3	1.5
地下储油罐（N = 32）	1	1.5	1.4	1.8
N = 调查问卷反馈者数量				

资料来源：昆鲁斯，梅扎罗斯，贺加斯和斯弗兰肯（1995 年）。

举一个例子进行说明，如表 4.2 所示，地下储油罐场景的保费（场景四）是场景 1 保费的 1.8 倍。

为什么精算师和核保人对不确定和模糊的风险定价要高于那些确定的风险呢?[①] 在两篇很有见解的论文中，斯通描述了保险公司设定风险保费的动机。保险公司密切关注精算师和核保人的行为对公司稳定性和偿付能力的影响[②]。保险公司通过损失率（LR）来评估经营的稳定性，损失率（LR）是指对特定风险的已付赔款与该风险的承保保费的比值。保险公司为了实现经营的稳定性，就要求承保风险的几率要低于指定的等级 p'（如 p' = 0.05），以避免损失率超过某一目标等级 LR*（如 LR* = 1）。

保险公司根据是否会影响到公司破产来评估偿付能力，这就使

[①]　斯通，约翰，"容量理论和巨灾风险保险：第一部分，"和"……第二部分，"风险和保险评论，40，1973 年，第 231 – 243 页（第一部分）和 40，1973 年，第 339 – 355 页（第二部分）。

[②]　承保人行为模型与近期关于保险公司为什么希望购买再保险的分析保持一致。更多细节见多尔蒂，尔和 S. M. 蒂尼奇，"资本市场均衡条件下再保险的记录"，金融杂志，36 卷，1982 年，第 949 – 953 页及迈尔斯，戴维和克利福德·史密斯，"公司的保险需求：再保险市场的证据"，商业杂志，63，1990 年，第 19 – 40 页。

得某风险的累计赔款与当前盈余及保费收入直接相关。公司的破产几率要求低于p''（如 p'' = 1/100000）。伯杰和昆鲁斯解释说，如果承保人和精算师对稳定性和偿付能力这两个约束指标非常在意的话，随着特定风险的模糊性和不确定性的增加，他们通常会要设定更高的费率水平[①]。

B. 逆选择

如果不能够辨别不同类型风险的损失几率，那么保险公司将会面临逆选择的问题。这就意味着，如果保险公司将整个人群作为评估基础，并且依据平均损失率来设定保险费率，那么只有那些比较差的风险才会希望来购买保险，这将导致保险公司在每一张已售保单上产生亏损。

对逆选择的假设条件是保险购买人更加熟悉自身的风险类型并具有这方面的信息优势。另外，保险公司需要花费大量的金钱收集信息来辨别风险之间的差异。一个简单的例子就可以证明风险的逆选择问题。假设有两种风险：一种是损失概率 p_G 为 0.1 的优质风险，另一种是损失概率 p_B 为 0.3 的劣质风险。简单起见，假设两个群体的损失 L 都是一百美元，并且每个风险类别中有同等数量的潜在可承保个体（N＝50），表 4.3 就概括了这些数据之间的关系。

在上述案例中，群体中的每一个随机个体的预期损失值为二十美元[②]。如果保险公司按照均衡保费在整个群体中收取保费的话，那么只有那些劣质风险才会来购买保险，因为他们的预期损失为三十美元（0.3×100），他们愿意支付二十美元购买保险。而优质风险的预期损失为十美元（0.1×100），他们就不太可能会去购买保险。因

---

①　伯杰，拉里和霍华德·昆鲁斯，"安全第一和不确定性，"精算实务杂志，1995年。

②　群体中的随机个体的预期损失计算如下：[50×0.1×100＋50×0.3×100]÷100＝20。

此对用二十美元购买保险感兴趣的任何个体都存在着逆选择风险。这样的话，保险公司在每一张已售的保单中都将损失十美元。

保险公司有几种方法来处理此类问题。如果保险公司知道优质风险和劣质风险分别的概率，但却不知道每一个风险个体的特征，那么保险公司就可以把保费提高到至少三十美元以上，这样就可以确保在每一个购买保险的个体都不会产生亏损。实际上，如果整个群体都存在风险的话，那么保险公司为了盈利也可以只给那些最差的风险提供保险。但是，由于群体中很少有人对购买保障自身风险的保险感兴趣，也不会去以更高的费率来购买保险，因此提高保费可能会产生市场疲软。如果保险公司评估以这个价格售卖的保单后发现，所收取的保费不能够覆盖公司的行政和市场成本，也不能因此而获利，那么保险公司就不会再为市场提供这样的保险产品了[①]。

表 4.3　　　　　　　　逆选择案例的数据

优质风险	$p_G = 0.1$	$L = 100$	$N = 50$
劣质风险	$p_B = 0.3$	$L = 100$	$N = 50$

表 4.4　　　　　　　　道德风险案例的数据

承保前	$p = 0.1$	$L = 100$	$N = 100$
承保后	$p = 0.3$	$L = 100$	$N = 100$

保险公司处理逆选择的第二种方法就是提供两种不同价格的保险合同[②]。假定劣质风险想要购买合同一，优质风险想要购买合同二。于是，合同一以"价格为三十美元、保障为一百美元"的条件销售，而合同二则以"价格为十美元、保障为四十美元"的条件销售。由于

---

① 阿克洛夫，乔治，"柠檬市场：质量不确定性和市场机制"，经济学季刊，84，第488－500页，为什么改变价格不能够克服逆选择问题的经典研究。

② 这种解决方案是由罗思柴尔德和施蒂格利茨发明的，见罗思柴尔德，迈克尔和约瑟夫·施蒂格利茨"竞争性保险市场的平衡：关于不完整信息的经济学的一篇文章"，经济学季刊，90，1976 年，第 629－650 页。

可以判断优质风险更喜欢合同一，劣质风险更喜欢合同二，这就为保险公司同时向两个团体销售保险并且不亏损提供了另一种路径。

最后，保险公司可以进行某种形式的风险审计（或审核）来判断风险的属性。财产保险市场的风险问询常采用检查房地产的结构和内容物的方式。对个体来说，风险问询可能表现为某种形式的检查，如健康保险的医疗检查。然而由于风险性质的不同，某些种类的保险并不适合去做风险检查。例如，尽管可以用某一个人既往的记录和经验作为判断其风险类型的指引，但也实际上也很难测试他的驾驶能力。

综上所述，有很重要的一点需要明确：只有当保险购买人和保险销售机构之间存在信息不对称，逆选择才可能会出现。如果保险购买人对其风险掌握的不比核保人多，那么双方便处在平等的地位上。如果保险是以基于平均风险测算的单一保费来销售的话，那么优质风险和劣质风险都会想以此价格来购买保险产品。

C. 道德风险

对于一名客户来说，当其有了保险之后，他就有可能比没有保险时更不注意去防范风险了。如果保险公司不能预料到这种情况，仍然按照没有保险时个人的既往损失数据来评估保险费率，那么有就可能导致所收取的保费过低以至于无法涵盖未来赔付的损失。

道德风险问题与保险公司难以去监督和控制已承保客户的行为直接相关。怎样去监控粗心大意的行为呢？怎样去判断在损害索赔中一个人何时会索要得更多呢？例如，客户伪造虚假的报告或者客户在房屋遭洪水袭击之前就故意把旧家具搬到地下室呢？[①]

---

① 这是一个事后道德风险的例子，事后道德风险指保险公司不知道意外事故的性质并且因此不能决定损害索赔是否言过其实。关于保险问题背景下事后道德风险的详细讨论见思朋斯，迈克尔和理查德·泽克豪泽，"保险、信息和个人行为，"美国经济评论，61，1971 年，第 380－387 页。

　　上面用来说明逆选择的例子也能说明道德风险的问题。保险公司用逆选择不能够区分出优质风险还是劣质风险。道德风险存在的原因是保险公司必须在销售保单之前就要根据损失几率评估出费率水平，但是保险公司的实际损失几率可能在保单销售之后却变得更高。表 4.4 描绘了一个案例的情形，这个案例中有一百个个体，每一个个体面临着同样的一百美元的损失。可是，损失几率 p 却从保险销售前的 0.1 增长到保险销售后的 0.3。

　　如果保险公司不知道可能存在道德风险的话，那么保险公司就会以反映精算评估损失（0.1×100）的价格十美元来销售保单。然而，由于损失几率（p）在保险销售之后增长到了 0.3，那么预期损失将达到三十美元。因此，保险公司在每一张已售卖的保单中就将损失二十美元。

　　规避道德风险的第一种方法是将保费提高到三十美元，这样就充分反映了保单销售后几率（p）的增长。在这种情况下，保单销售也不会下降，就像逆选择的例子一样。那些愿意以十美元的价格购买保险的个体仍将想要以三十美元的价格购买保单，因为他们知道他们的损失几率是 0.3。

　　规避道德风险的第二种方法是引入免赔额和共同保险，并把它们作为保险合同的组成部分。免赔额 D 美元意味着被保险人必须支付任何损失的第一个 D 美元。如果 D 足够大，被保险人就会比持有没有免赔额的保单时更加谨慎行事，因为他们必须在获得保险赔偿前先行承担一定比例的损失。

　　第三种方法是使用共同保险。共同保险是指保险公司和客户共同分担损失。保单中共同保险条款中的百分之八十是指保险公司支付损失的百分之八十（免赔额之上），被保险人支付剩余的百分之二十。由于被保险人不希望支付损失中的任何部分，使用免赔额这种风险共担机制可激励被保险人去实施更加安全的行为①。

第四种方法是对个人或企业购买的保险设置赔偿限额。如果保险公司对价值一百万美元的物品仅提供五十万美元的保险保障，那么被保险人就会知道他（她）将不得不承受超过五十万美元的所有剩余损失②。

即使保险合同中包含上述条款，被保险人仍旧可以比没有保险时更不谨慎行事，这仅仅是因为他们有了应对大部分损失的保护措施。例如，他们在没有保险时会采取防范措施，但是有了保险之后反而决定不采取防范措施了。可能被保险人会认为，相比投资中可能获得的潜在收益来说防范措施的成本太高。

如果能够事先知悉被保险人在购买保险后将不愿再采取减损措施了，保险公司就可以收取更高的保费或者在承保之前要求被保险人采取特定的预防措施。不论采取哪种方式，保险公司都可以克服道德风险。

D. 关联风险

我们这里所说的关联风险是指因单一事件导致多个损失同时发生的风险。社会中损失高度相关的一个例证就是自然灾害（如地震和洪水）。在受自然灾害影响的区域，许多房屋可能因单一灾害受到损坏或者是被摧毁。

如果保险公司面临源于单一事件的高度的关联风险，且这种关联风险可能导致公司破产时的话，他们将会收取更高的保费以避免遭受巨灾损失。如果保险公司把很多鸡蛋放入同一个篮子里，就会面临这种问题。如某一保险公司主要经营洛杉矶房屋地震保险，但

---

① 关于免赔额和共同保险在减少道德风险的机会上所起的作用见保利，马克，"道德风险经济学：评论，"美国经济评论，58，1968年，第531－536页。

② 我们假设客户不可能购买第二张保额为50万美元的保单作为第一张保单的补充，并且因此充分防范100万美元的损失（除了免赔额和保险条款以外）。

是却没有在整个加利福尼亚州承保房屋地震保险，那么该公司就可能面临这种关联风险。

为了证明关联风险对损失分布和公司破产的影响，假设某保险公司有两张已售保单，出险几率（p）为 0.1、损失金额（L）为一百美元的风险，并且该保险公司百分之七十的收入都来自于所收取的各种保费，每一张保单的精算损失都是十美元。表 4.5 描绘了当损失彼此独立和完全关联两种情形时，这两张保单可能的损失分布①。

关联风险和非关联风险的预期损失都是二十美元。然而，由于关联风险总是高于具有相同预期损失的非关联风险，因此考虑到破产风险时，保险公司将希望对关联风险收取更高的保费。更具体点说，如果保险公司对每个风险收取的保费都少于十五美元，那么保险公司的总资产将会少于二百美元。如果保险公司当年经历二个风险单位的全损时，那么它将不得不宣布破产。如果这些风险是相互独立的，那么二个风险单位同时发生全损的几率将是 0.01；如果这些风险是完全相关的，那么上述这种情况发生的几率将是 0.1。

表 4.5 关联风险案例数据

风险	L = 0	L = 100	L = 200
独立的风险	P = 0.81	P = 0.18	P = 0.01
完全相关的风险	P = 0.9		P = 0.1

有关关联风险对保险公司厘定保费行为的影响的数据来自于对

---

① 独立事件的几率计算如下：如果两张保单都未遭受几率（p）＝（9×0，9）＝0.81 的损失，则损失（L）＝0；如果两张保单的任何一个遭了几率（p）＝（2×0.1×0.9）＝0.18 的损失，则损失（L）＝100；如果两张保单都遭受了几率（p）＝（0.1×0.1）＝0.01 的损失，则损失（L）＝200。

伤亡保险精算协会职业精算师的邮件调查①。在一千一百六十五个收到调查问卷的精算师当中，四百六十三人（占比总体接受调查人数比例百分之四十）返回了有效的答卷。精算师评估了几种假定的风险场景，这些风险场景的损失几率均为已知和不确定两种情况。其中的一个场景是某一制造公司想要确定一项保修项目的价格，这个保修项目是修理个人电脑的一个组件，而每次的修理成本为一百美元。调查问卷要求精算师在损失分别是相互独立或是完全关联的情况下，并且几率（p）分别为0.001、0.01和0.1等三种条件下，既要评估出几率确定情况下的保费水平，又要评估出几率不确定情况下的保费。

参考精算师评估保费的均值，就可以看到关联风险产生的影响了。如果精算师对高度关联的风险比相互独立的风险更为关注的话，那么这种情况就会反映到增加的保费上。承保人对关联风险的关注度越高则意味着预期损失越大。可以计算出关联风险的价格比和独立风险的价格比，这些风险有可能是界定清晰的、也有可能是不确定的。如果精算师认为关联风险和独立风险之间没有差异，那么保费将是相同的并且价格比率将是1。如果精算师认为有理由对关联风险表示担忧，那么价格比率将大于1。

表4.6所呈现的数据提示要高度关注关联风险。除了那些几乎没有预期损失并能够清晰界定的风险和低概率风险（p＝0.001）以外，关联风险保费的中位数总是要高于非关联风险保费的中位数。当风险不确定时，价格比率明显变高。实际上，当p为0.01时，关联风险的保费均值是独立风险保费均值的五点五倍之多。

E. 管理成本

保险公司必须能够收回分析、承保、销售、分销、赔付、符合

---

① 贺加斯，罗宾和霍华德·昆鲁斯，"为保险和担保定价：模糊性和关联风险"，关于风险和保险原理的日内瓦论文，17，1992年，第35－60页。

已颁布保险政策的监管要求的成本。这些成本统称为"管理成本"，保险公司经常要计算此类成本并计入被保险人所要缴纳的保费之中。

表4.6　　　　　　精算人评估的关联风险的保费比率

	几率等级		
几率的性质	0.001	0.01	0.1
界定清楚的（几率）	0.91	1.2	1.3
不确定性的（几率）	2.0	5.6	2.0

II．可销性条件

即使保险公司确定了某一特定风险可保，除非保险公司确信有足够的保险需求能覆盖产品的成本，否则保险公司也不会投入时间和金钱去开发保险产品。

保险需求

通常有几类因素会触发企业购买保险的兴趣。那些资产有限并且（或者）厌恶风险的企业渴望将具有严重后果的风险转嫁给其他人而不是独自承担。例如，一家正考虑购买地产的公司如果知道其将不得不支付未来该地产的地下水污染的清污费用，那么它就可能不太愿意去购买这块地产了。

如果这块地产必将产生诱人的收益，那么该公司可能就会愿意支付给保险公司超过精算成本的保费来应对未来的大额损失风险。正如之前讨论过的，借助这种财务保障机制，公司可能就愿意从事某种活动了，否则如果他们知道将会遭受潜在的灾难性损失，他们将会拒绝参与其中。

保险的需求也来自第三方的关注。公司在寻求外部资本投资时必须要证明其财务状况对潜在的贷款方是安全的，如房地产买卖。

一般而言，贷款方对未投保保险的损失是相当谨慎的。例如，银行和金融机构通常会要求借款人提供火灾保险证明来作为发放抵押贷款的前提条件之一，因为这类机构希望确保即使真的发生了火灾，财产所有者仍然能够清偿贷款。类似地，银行和金融机构为了确保未来的环境清理费用能够得到及时清偿，有时要求借款人提供保险证明作为发放抵押贷款的一个条件。他们希望，即使这些灾害事故发生了，财产所有者也同样能够清偿贷款。

公司或个人的保险需求也有可能来自于财务责任担保制度（FRRs）的要求。如今许多州的机动车管理局要求机动车驾驶人出示机动车保险证明作为汽车或卡车登记的前提条件。联邦保险局（FIA）要求居住在特定洪水区域的居民在申请联邦保险抵押贷款时提供洪水保险证明。美国国家环境保护局为从事地下储油罐中存储废物的公司设置了财务责任担保制度（FRRs），以确保公司有足够的资金赔偿环境损害的受害者以及（或）在储罐发生泄漏事故后周边区域的恢复费用。

地下储油罐所有者购买保险来保障储罐泄漏及更换的费用还有另外一个原因，持有这类保单有可能对潜在顾客和其他利益相关方都是一个信号，即储罐是安全的。如果保险公司为地下储油罐的潜在泄漏风险提供担保，那么其他人就会把保险看作是储罐获得的资质认可①。

一个例证

一个假设的案例证明了保险公司是如何满足商业企业的需求的。阿尔法公司是一个相对较小的公司，资产一亿美元，该公司正在考

---

① 当然购买保险本身并不能说明什么风险的等级。如果储罐是危险的，保险公司将收取高保费，被保险人仍旧会去购买。此处使用的"正式认可"的概念只是单独基于保险的可获得性，而不是保障的价格。

虑开发和销售更加安全的地下储油罐产品，这种储罐比在用型号的储罐泄漏几率更低。而设计这种新储罐需要预先投资约一百万美元。阿尔法公司对这种新型储罐不会发生泄漏非常自信，愿意对销售的储罐提供质量保证，内容为：如果新型储罐在五年内发生了泄漏，那么阿尔法公司将赔偿储罐购买者地下水的清污费用。然而阿尔法的管理人员却知道一个或多个新型储罐在接下来的五年内极有可能会发生泄漏。

由于阿尔法公司是一家非上市公司，所以公司所有者的个人财富很大程度是与公司捆绑在一起的。他们知道任何的大额清污费用支出将导致公司破产。因此，他们渴望将这种风险转嫁给保险公司，并且愿意去支付在某种程度上超过未来预期清污费用的公平精算值的保费水平。

为了获得资金来开发和销售这种新型储罐，阿尔法公司必须为贷款人提供担保以确保公司在发生储罐泄漏时仍有能力赔偿清污费用损失。满足第三方要求的一种方法就是购买保险来保障由阿尔法公司新型储罐泄漏所引发的任何地下水污染的损失。

对购买这种新型储罐感兴趣的潜在顾客也非常关心阿尔法公司是否有能力支付储罐泄漏所产生的清污费。除非这些顾客相信阿尔法公司财务极其安全，否则他们也不大可能相信阿尔法公司提供的质量保证，或者根本就不会去购买阿尔法公司的产品了。如果阿尔法公司购买了保险来为地下水的清污费用提供保障，那么潜在购买者就会相信阿尔法公司的储罐产品是高质量的。换句话说，这里的保险起到了一种"正式认可"的作用。

如果阿尔法公司能够通过购买保险来满足自身及其他利益方的需求，那么阿尔法公司和公众都将因此而获益。否则阿尔法公司也不会去从事一项新的活动，如制造新型储罐。当新的、更安全的储罐代替旧的储罐时，储罐泄漏导致地下水污染的几率和程度就会下降。

经纪人的作用

在结束可销性条件这部分之前，理解保险经纪人在销售保单方面的作用也同样重要。正如我们将在第六章要看到的，保险的分销成本几乎消耗了保险公司总的管理成本的一半。保险公司通常依赖经纪人向商业企业营销保险产品。大部分保险经纪人对适合于公司客户的传统保险产品都非常熟悉。然而，对于如承保自然灾害和技术或环境损害风险的某些保险产品来说，熟悉这些产品的核心需要理解和掌握广泛的工程学信息，非专业的保险经纪人和公司风险管理人员经常会对此感到陌生。

另外，如果保险的销售需要了解相关的环境管理规定，那么经纪人必须熟悉这个新的知识体系。政府规定的变化和法院对环境法、保险作出的最新解释也是经纪人必须要克服的销售障碍。

经纪人也必须给公司的决策者们提供环境保险的可选项。传统上，只有公司的风险管理人员有权决定是否可以购买保险，他们通常依据保险经纪人提供的保险选项来选择需要的保障范围。而在决定是否要购买环境保险的决策时，一个全新的管理者群体就参与进来了，他们中的任何人都比风险管理人员拥有更多的权力和决策能力。在最终决定是否购买环境保险时，理事会、运营经理和并购、财务、营销或业务发展的副主席都可能拥有投票权。

由于这类保单对客户来讲都是全新的，对购买这类保单的重要性普遍存在着认识不足的情况，因此公司经常会在预算中忽视了这项保险的成本列支。购买这类保险的资金往往需从公司其他的保险活动中转移过来。更有可能的是，有时不得不等到公司有购买这类保险的资金，并且公司决策者对环境保险的整体概念更加熟悉时，公司才可能会作出购买环境保险的决定。尤其是对自愿购买的保险产品来说，当保险与公司经营活动不相关时更是如此，如房地产的销售。

为了促成环境保险产品的销售，专业经纪人必须完成大量的学习和教育任务，这就由专业经纪人所要求的佣金水平来决定了。

III. 保险产品定价

保险公司收取的保费由保险的市场规模来决定。换句话说，市场规模由所有潜在被保险人可接受的可测基线行为标准来决定。缺少这个标准，保险公司就很难去开发相应的保险市场了。

通常来说，保险公司不是唯——个为市场制定标准并让相关方接受该项标准的主体。当然，政府规定（如职业安全和健康管理局（OSHA）和美国国家环境保护局制定的空气中容许的石棉纤维数量的技术标准）、工业标准（如贸易协会制定的产品技术标准）及金融机构要求（如在发放抵押贷款之前氡水平必须低于先前的指定水平）都已经建立起了统一的标准。

理论分析

在厘定保险产品费率的过程中，保险公司需要对风险的可保性和保险产品的可销性进行分析。这个过程包括以下两个步骤：

步骤1：评估承保保费

这个步骤需要使用可保性分析所生成的数据。要启动这个步骤，保险公司必须对风险进行量化，这样保险公司才有可能计算出承保保费。承保保费被界定为特定风险的预期损失，这里不包括保险产品的开发和营销成本。用 R^* 来表示承保保费。如果风险具有相当大的不确定性，那么在所收取的保费 R^* 中也将反映保险公司对不确定性的看法和对风险的厌恶程度。

步骤2：规定盈亏曲线

一旦 R^* 确定了，保险公司就要计算应收取的保费了，这里包括保险公司的管理成本（F）和充足的盈利。充足的盈利可以佐证保险公司为获取科学数据产生的支出和花费的时间的正当性。管理成本包括获得用来评估风险的统计数据、计算与使用统计数据来设定保费的承保费用、获得保单销售所必需的注册审批以及使用销售人员销售产品所产生的营销和分销成本。

在保险产品的整个生命周期内，用 R_i^* 表示保本保费，并作为保险销售（Q_i^*）数量的一个函数。图4.2展示了不同 Q_i^* 值下保本保费（$R_i^* > R^*$）的集合。保本保费是指当承保保费 R^* 为六百美元且开发和营销的固定成本 F 为一百万美元时，保险公司将收取的保费数。这些点构成了保本曲线。

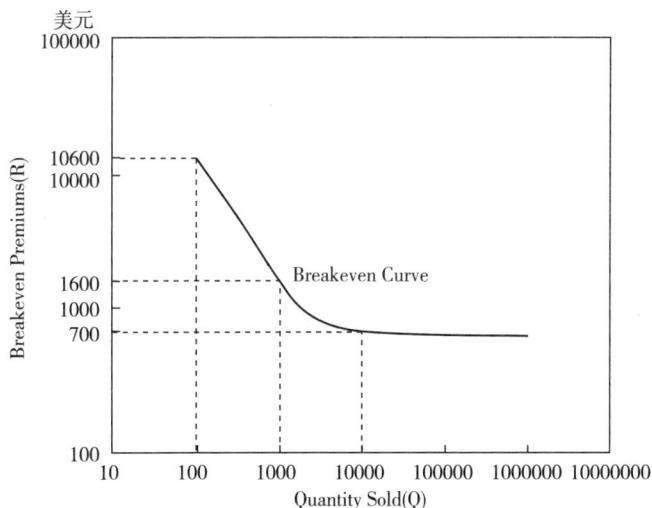

图4.2　保本保费（Ri）为保障需求（Qi）的一个函数的曲线

$$R_i^* = \$600 + \$1000000/Q_I^* \qquad (4.2)$$

由于开发和销售保险的固定成本分散于大量的保单之中，因此

随着 Q_I^* 逐渐增长，R_i^* 就逐渐下降。

如果保险公司所收取保费为 R_i^*，把 Q_I^* 定义为产品生命周期中的实际需求。如果至少有一个 Q_i Q_I^* 时，保险公司就将只考虑市场覆盖率。如果保险公司不能够售出足够多的保单来保本，那么保险公司将会去选择不去开发和销售此类保险。如果有多于一个的 Q_i Q_I^*，那么保险公司将有两个标准用来决定将收取什么样的保费水平。如果保险公司在提供这种保险时具有一定的垄断地位，那么保险公司将收取他们认为能够产生最高额利润的保费水平。但是，如果保险公司认为有其他保险提供商参与了竞争，那么保险公司会将这种情况作为制定保费标准的一个参数。为了阻止其他保险提供商参与竞争，保险公司就会收取更低的保费来确保垄断地位。这些就是图 4.2 描绘的情形。

从等式（4.2）和图 4.2 我们可以看到，如果总需求低至一千张保单，那么保本保费就是一千六百美元。如果总需求增长至一万张保单，保本保费就跌至七百美元。当需求是十万张保单时，$R_i^* = \$ 610$，这个保费水平仅略高于承保保费①。例如，根据保险公司对地下储油罐保险市场的分析，保险公司现在可以评估出不同的保费水平下保险需求是否有可能超过等式（4.2）所确定的保本数量。如果回答是肯定的，那么地下储油罐保险就可以开发和销售的。如果回答是否定的，那么保险公司就会认为在目前的制度下此风险不可以承保。

---

① 总需求指若干年内已售保单的数量。如果未来销售的保单要在现今销售的保单基础上打折是由于开发和营销保险的成本假设今天已经承担了。考虑一个 10% 的折扣，从现在起一年内销售的 1000 张保单将被当做 900 张已售保单来看待。

IV. 总结

本章从分析要使某一风险可保所必须满足的两个条件入手。第一个条件是保险公司能够量化特定风险事件的损失频率和程度并以此来设定纯风险保费。第二个条件是当保险公司决定提供什么样的保费和保障程度（如最高限额，免赔额的种类）时，需要考虑的一系列重要因素，如逆选择和道德风险。

在判定保险产品是否具有市场时，须考虑影响保险需求和供给的因素。通常，潜在的保单持有者对风险感到厌恶并愿意支付少量保费来保障大额损失时，保险需求就产生了。第三方的要求和经济责任的要求也会激发保险的需求。如果保险公司能够评估出特定风险的预期损失，那么他们就愿意提供保险产品，即使不考虑开发和营销的成本他们也会愿意这么做。最后保险公司需要去判断能否能设定一个有足够市场需求的保费水平来覆盖预期损失和其他成本。

第五章　石棉风险的承保：
背景和风险识别

1985 年，环境保险业的先驱们着手开发保险产品来填补传统保单中环境除外责任所留下的保障空白。本书的余下部分是根据环境保险发展经验的基础上编写完成的。在第五、第六两章中，我们将对石棉责任保险产品的开发过程进行介绍，而开发这个保险产品则是为了解决含石棉设施的相关责任问题。同时我们也介绍了开发并承保这种新产品所需要考虑的因素，为把最后一章概括的理论和实践中的问题串联起来这些细节不可或缺。在本章中，我们首先简要地介绍一下这类保险发展所需的政治经济环境，同时对石棉相关风险进行介绍。在在第六章中，我们将讨论为了使石棉风险具备可保性以及使产品具备可销性需满足的一些条件。

I . 石棉风险概述

石棉是一种天然的矿物质，由长的、丝状的石棉纤维构成，具有吸声和绝缘的特性。人类吸入易碎的石棉纤维①主要可引发以下三种疾病：石棉肺、间皮瘤和肺癌。石棉肺是一种慢性疾病，是人类由于吸入石棉纤维所产生的肺部瘢痕性病变；间皮瘤是一种原发于

---

① 易碎的石棉容易变成粉末状并且能通过空气传播。

胸膜或腹膜间皮细胞的一种癌症；接触石棉纤维也增加罹患肺癌的风险。事实表明，同时接触烟草烟雾和石棉纤维将使罹患疾病的风险显著增加，而且吸烟越多，风险越大。在三种石棉相关疾病中，对人类的最大健康风险是肺癌。

由于石棉被广泛应用于建筑行业，因此全社会都普遍存在着石棉所引发的健康风险。因为石棉具有隔音和绝缘的特性，北美的建造商们曾广泛地使用含石棉的建材。自第二次世界大战起至20世纪70年代石棉被禁止用于新建筑为止，有超过三千种的普通建材使用石棉作为原料，包括地砖、绝缘材料、屋面瓦、防火材料和吸声瓦等。1940年至1980年间，全美国消耗了约三千五百万吨石棉①。美国国家环境保护局的专项调查预测，目前全美国至少有三万一千所学校和七十三万三千个公共及商业建筑使用了含石棉的建材，这约占全美国所有商业建筑的百分之二十②。

不可避免的是，在建筑物和其他产品中的成百上千吨的石棉产生了致人伤害和死亡的不良后果。截至1983年，大约有二万四千名石棉工人和受到石棉伤害的其他人员对石棉制造商提起了产品责任之诉③。在1970年至1982年间，这些诉讼花费了约十亿美元④。石棉风险所引发的巨大责任使传统保险公司把石棉和高风险、高赔偿紧密地联系在一起，随之而来的是保险公司拒绝承保任何从事石棉

---

①　石棉控制的实践和程序，1986年，堪萨斯大学，国家石棉培训中心，1986年。

②　美国国家环境保护局，美国国家环境保护局关于公共建筑中含石棉建材的研究：给国会的报告，1988年2月。

③　卡卡雷克，詹姆斯·S等，石棉诉讼的费用，兰德研究院民事判决研究，圣塔莫尼卡，加利福尼亚州，R－3042－ICJ，1983年，第5页。

④　同上。

处理工作的主体①。

监管环境

由于石棉和多种多样危及生命的疾病存在着联系，因此联邦政府、各州和地方政府已经通过制定法律或颁布规则的方式对石棉拆除、场地封闭和石棉封存进行明确具体的规定。这些由多个机构颁布的法律和法规对不同类型的设施制定了明确具体的标准。这些法规包括《清洁空气法案》（CAA）、《有毒物质控制法案》（TSCA）、《石棉学校危险消除法案》（ASHAA）、《石棉危险紧急应对法案》（AHERA）、《资源保护和恢复法案》（RCRA）、《有害空气污染物国家排放标准》（NESHAP）以及《综合环境反应、补偿和债务法案》（CERCLA）。

职业安全和健康管理局（OSHA）也颁布了一系列有关石棉安全工作的规则。1989 年 7 月，美国国家环境保护局（EPA）依据《有毒物质控制法案》（TSCA）制定了《禁令和逐步停止石棉规则》②。该规则禁止在美国境内进口、制造和加工大部分的石棉制品，这对约百分之九十四的石棉制品产生了影响。在 1990 年启动了三阶段石棉制品的逐步淘汰工作，并计划于 1997 年全部完成。

除了联邦法规外，纽约等许多州和城市也陆续颁布了法律及（或）规则来控制石棉。一些州依据扩大后的《资源保护和恢复法案》（RCRA）的授权将含石棉废物划归为危险废物，对严格的操作、

---

① 见里斯，唐纳德·W，"是否环境和有毒物质侵权索赔造成了保险危机：我们将从此处走向哪里？"环境和有毒物质索赔：1989 年及之后的保险保障，商法和实践课程手册系列 495 号，（A4－4260），实践法律研究所，美国总审计局准备的一个报告"危险废物：围绕保险可用性问题"，在马利诉讼报告中重印，2（1），1987 年 11 月 10 日。
② 联邦法规汇编第 40 卷，E 分部，第 763 款。

张贴警告（标签）及处理的程序进行了明确的规定①。《综合环境反应、补偿和债务法案》（CERCLA）也将易碎石棉划归为危险物质，这将有可能触发美国国家环境保护局（EPA）的报告要求②。

解决方案

在处理石棉的健康风险的过程中，发展出了三种相互独立的对策。第一种已在前面提到了，就是要严格限制新建筑和产品中石棉的应用。第二种是通过行政监管命令要求将石棉存放在指定区域。第三种是当石棉清除工作启动时，政府机关要制定清除和处置石棉的适当程序规则。在第六章中将仔细分析后两种对策。

Ⅱ. 指定区域的石棉风险

规则对在指定区域石棉的影响

如处置得当的话，将石棉存放在指定区域是一种既安全又经济的方式。为了确保石棉处置过程的安全，上面提及的许多法律衍生出了大量的规则，这些规则对在指定区域的石棉和石棉清除都产生了影响。管理在指定区域石棉的规则和管理石棉清除的规则之间的差别也仅是空气样本中每立方厘米几十分之一纤维含量差别的问题，更重要的是，上述规则仅要求大型改造或者拆除项目应进行石棉清除，对其他类型的项目没有明确要求。

通常，联邦法规要求对保存在指定区域的石棉应按如下程序操作：

---

① 美国国家环境保护局，"管理场所内的石棉：一个关于石棉材料、农药和有毒物质的运作和维护项目的建筑所有者指引"。

② 同上。

1. 监督：如果怀疑设施内的空气中含有石棉，那么必须根据工程的指导方针对空气进行抽样调查，以查明石棉纤维含量是否在安全范围以内。

2. 报告：如果在空气中发现了石棉纤维，就必须实施若干的通知程序。根据不同情形，被告知的范围应包括：美国国家环境保护局（EPA）、建筑物里的雇员和租户、学生家长及（或）进入建筑物进行维护、改造、修理或拆除工作的外部承包商。

3. 培训：必须对可能在日常工作中接触到石棉的工人进行培训，使其理解石棉的危害，并掌握石棉纤维释放或移动石棉时的正确处置方法。某些小规模、短期的项目不完全受到石棉清除规则的约束，但是除了要实施适当的清理和处置程序外，仍然需要对工人进行保护，如对含石棉的石膏板预制件进行钻孔操作。

4. 处置：处置石棉必须按照特定程序进行，包括在经核准的处置设施内正确标记和永久储存。

在第六章中，美国国家环境保护局（EPA）1990 年一份名为"在指定区域石棉的管理：关于含石棉材料项目运营和维护的建筑所有者指引"的文件对相关要求和程序进行更为详细的描述①。在第六章中所引用的特殊规则包括职业安全和健康管理局（OSHA）发布的《建筑行业石棉标准》②、职业安全和健康管理局（OSHA）发布的《一般行业石棉标准》③、职业安全和健康管理局（OSHA）发布的《呼吸保护标准》④、美国国家环境保护局（EPA）发布的《工人保护规则》⑤、美国国家环境保护局（EPA）发布的《国家危险空气

---

① 同上。
② 联邦法规汇编第 29 卷，第 1926.58 款
③ 联邦法规汇编第 29 卷，第 1910.1001 款。
④ 联邦法规汇编第 29 卷，第 1910.134 款。
⑤ 联邦法规汇编第 29 卷，G 分部，第 763 款。

污染物排放标准》（NESHAP)① 和美国国家环境保护局（EPA）发布的《石棉危险紧急应对法案》（AHEREA)②。

职业安全和健康管理局（OSHA）对其颁布的石棉处置准则进行了部分修订③，并于 1995 年 10 月开始生效④。该准则规定了一个四级分类体系，描述了不同的工作项目与不同程度的石棉风险之间的一一对应关系，并进一步厘清了程序的类型和在新分类体系下需强制实施的保护措施。为了使石棉风险具有可保性，此次修订清晰地界定了石棉的有害剂量，并进一步说明了石棉风险的特征。

建筑物所有者必须对石棉进行调查和取样，在识别这些物质的同时要张贴警示标签和通知。石棉处置准则的许多额外要求与《石棉危险紧急应对法案》（AHERA）和《有害空气污染物国家排放标准》（NESHAP）的规定相类似，并且与美国国家环境保护局（EPA）之前颁布的标准保持一致。

本次修订增加了工人从事移动石棉工作的程序。如果在商业设施里实施此类工作，在新的四级分类体系下将被划归为"一类"或"二类"，并受到石棉清除管理规则的约束。

建筑中的石棉风险

建筑中石棉的基本风险与 20 世纪 80 年代造成保险公司恐慌的责任风险不同。目前的风险主要是像租户这样的第三方因吸入相对低剂量的石棉而罹患疾病后要求建筑物所有者或管理者对第三方的人身损害承担责任的风险，而不再是那种高剂量的石棉接触或者致

---

① 联邦法规汇编第 29 卷，M 分部，第 61 款。

② 联邦法规汇编第 29 卷，E 分部，第 763 款。

③ 联邦法规汇编第 29 卷，第 1910 款；联邦法规汇编第 20 卷，第 1915 款；联邦法规汇编第 29 卷，第 1926 款。

④ 职业安全和健康管理局（OSHA）关于石棉职业暴露的最终规则出版在《联邦登记》第 59 卷 153，1994 年 8 月 19 日。

人身损害的产品责任索赔风险了。后者只有在含石棉建材破损、易碎或者在维修、改造、拆除等活动中扰动含石棉建材时才会发生。

如果发生石棉散发事件，建筑所有者将对第三方承担广泛的经济赔偿责任，与之相关风险均为石棉的吸入风险。主要的第三者责任包括：石棉接触导致的人身伤害、石棉释放导致的房地产损失（污染）及（或）石棉释放导致的营业中断费用损失（拆建项目）。

解决方案——石棉拆除

对含石棉的建材进行适当的移除和处置是解决这类风险的方案。通常对现有空间进行改造或者拆除时才会去决定移除和处置石棉，一方面要符合法规的要求，另外一方面也有物流上的考虑。

石棉清除项目的范围宽，改造、拆除的建筑设施类型众多。在学校、办公楼、机场、高层住宅设施和工业设施等设施类型上都曾发生过从房屋内清除石棉的情况，这些房屋主要是由喷涂石棉的防火或者隔音材料和石棉管道覆盖材料构成。据估算，完成全美国的石棉清除工作需要花费大约两千亿美元。

有害空气污染物国家排放标准（NESHAP）① 下的石棉规则适用于拆除、清除和改造所有含石棉建材的活动。根据有害空气污染物国家排放标准（NESHAP）的要求，为了防止石棉释放到周围环境中，工人必须在拆除建筑物之前移除建筑里所有的含石棉建材。在建筑改造活动中移除石棉也要遵守有害空气污染物国家排放标准（NESHAP）的工作实践准则。此外，按照像职业安全和健康管理局（OSHA）规则的工作要求，无论是否为改造或者维护程序的一部分，任何高于指定容积标准（≥160 每平方英尺，或者≥260 每英寸）的石棉清除工作都将触发报告要求和释放控制要求。

---

① 联邦法规汇编第40卷，M分部，第61款。

职业安全和健康管理局（OSHA）颁布的建筑工业标准①详细规定了石棉清除或封存项目的工作程序，也规定了修理、维护、改建或者改造含石棉材料的工作程序。

正如先前所述的，法规通常会要求只要发生拆除或者改造建筑物的活动就应当进行石棉拆除。为便于理解，接下来简要介绍有代表性的石棉清除项目的步骤：

1. 在任何实际工作开展前，要对背景空气进行采样监测来确定工作区域内的纤维数量。

2. 用 6 毫米聚乙烯制造的塑料隔离栏把将要进行石棉拆除工作的区域隔离开来，并用黄色塑料带障碍物和警示标志将外部区域与将要进行石棉拆除的区域隔离开来。

3. 必须穿过净化设施才能进出隔离工作区。法规要求净化设施包括一个"清洁"房间（用于便装的存放）、一个淋浴设施和一个"不洁"房间（用于保存被石棉污染的材料）。

4. 所有进入隔离工作区域的工人必须穿戴防护服和呼吸器。工人呼吸保护的类型和级别由政府标准来设定。

5. 通过便携式空气通风机械使工作区域保持轻微的真空状态。封闭的工作区域的空气通过一系列过滤器过滤后排出，最后一个过滤器是高效微粒过滤器（HEPA）。过滤器被用来清除所有可通过空气传播的石棉纤维。这样是为了确保隔离屏障如果发生破损，空气将从外部进入污染区域，最大程度减少石棉纤维从污染区域释放出去的可能。需要持续地测量内外部的压力差以便维持这种压力差。

6. 在扰动石棉之前，要用化学药品浸透所有的石棉材料以减少纤维释放的可能。

7. 通常用刮除法清除石棉，这项工作无须特殊技能。

---

① 联邦法规汇编第 29 卷，第 1926.58 款。

8. 用带有高效微粒过滤器（HEPA）的吸尘器进行清扫并把湿的石棉材料装入袋中。

9. 将石棉材料打包并装入桶中，在经过认证的垃圾填埋设施中进行处置。

10. 在整个清除过程中，需要持续地监控清除地点内外部的空气质量。

11. 项目完成后，塑料隔离栏也要像石棉污染材料一样进行清除和处置。

拆除风险

在石棉拆除过程中，存在着因石棉纤维的扰动导致第三方可能接触到石棉纤维的风险。当石棉纤维从石棉拆除区域周边的密封污染隔离栏意外泄漏出去时，就存在第三方接触的可能。在污染区域内的所有工人都应当受到严格的医疗监控，并且应给他们提供呼吸器以减少纤维吸入的风险。然而，位于污染区域以外的正在从事整修建筑物其他区域工作的工人这样的第三方，他们却没有呼吸保护措施。石棉纤维从污染区域意外泄漏将引发第三方的石棉纤维接触风险。

雇用他人来清除石棉的设施所有者也可能面临责任风险，他们也在为这些可能的责任风险寻求保障，就像他们对其建筑设施的所有建造工作的责任风险寻求保障一样。通常，他们会要求承包商来提供某种形式的赔偿。

结论

本章讨论了两种石棉相关风险。一种是第三方存在着接触建筑物中石棉的潜在风险，并且在维护或改造活动过程中，石棉纤维莫名其妙地被扰动或散发出来。另一种是在清除过程中石棉纤维受到了干扰，并从清除场地的污染区域泄漏出来，使得没有呼吸保护措施的人群接触到了石棉。这两种情况下，均存在着石棉释放导致房地产被污染的财产损失风险。

石棉的相关风险是清晰的，但因曾发生过石棉接触导致的巨额索赔，从保险公司角度来看仍存在疑问："哪类石棉风险是可保的"？在接下来的章节我们将使用第四章描述过的可保性标准来解决这个问题。

第六章　石棉风险的承保：
可保性和可销性条件

在上一章中介绍如何识别石棉风险，并简要回顾了石棉监管的历史。在本章中我们将对石棉风险进行简要地回顾，同时详细地剖析一下现今成功销售的保险产品在产品开发时所应具备的条件。

Ⅰ．可保性条件

正如第四章所述，评估某种风险是否可保需要具备两个条件：（1）风险识别；（2）为特定的风险厘定费率。如果根据这两个条件判断得出某种风险具备可保性，那么接下来的问题就是保险产品的可销性问题了，也就是说设定的风险保费能否刺激出足够的市场需求并使保险公司盈利呢？

条件 1：识别风险

正如在第四章中所看到的，承保人的定价取决于在多大程度上能够明确不良事件的几率和潜在损失的程度。承保人能够学习并理解某种风险的几率和损失到达何种程度，那么风险保费就能更精确地反映已给定条件的实际风险。

在第五章中对石棉的核心风险进行识别和全面回顾。这些风险可以表述为："一个人吸入了建筑物中意外泄漏的石棉纤维并罹患疾病的可能性有多大呢"？"在一个不幸的事件中一个人吸入石棉并罹患疾病，需要赔偿多少钱呢"？

要回答这些问题，首先要深入分析这些问题的构成。回答风险暴露问题需要熟悉联邦法规并能够科学地测量石棉的释放水平。研究石棉对人类健康的影响能够揭示相关疾病的信息。对赔偿金额的评估需要参考已有的司法判例以及历史上类似石棉索赔案例的平均赔偿金额。

条件2：风险保费的设定

风险保费可理解为保险公司为了达到"收支平衡"所需收取的保费总量。保险公司为了保持必要的风险准备金必须收取足够多的保费，这些保费用于支付未来特定风险的所有索赔。能否达到这个保费总量是保险公司决定可保性的基础性条件。

在研究每一个风险组成的相关数据后，保险公司会用统计模型去分析这些数据。接下来我们会提到，石棉清除和建筑物中石棉所涉及的问题都非常相似。因此，为石棉清除专门开发的统计学上的暴露和成本模型也为确定指定区域的石棉风险提供了大量的、必要的计算结果。

要计算出风险保费，接下来还要仔细检查以下四个相互关联的因素：风险的不确定性、逆选择、道德风险和关联风险。

Ⅱ. 石棉清除风险的不确定性

正如之前石棉拆除部分所描述过的，石棉清除工作存在着明确的监管标准。美国国家环境保护局（EPA）和职业安全和健康管理局（OSHA）的相关标准非常明确地规定了石棉的拆除程序，就是为了确保石棉从修复、改建和拆除工作区域泄漏出去的可能性降到最低。假定承包商能够严格遵守这些监管标准，那么目前的政府强制性法规的高标准要求就已经是测量石棉清除过程中石棉释放的极好方法。

石棉拆除项目的持续性空气检测已经建立起了纤维的散发标准。对遵守政府规章的承包商来说，拆除过程中的石棉纤维数量应明显低于容许曝露限度（PEL）。近期，监管机构将美国的石棉纤维暴露标准提高到了每八小时"时间加权平均值"（TWA）0.1纤维每立方厘米（f/cc），比以往的0.2f/cc的标准更加严格。有关拆除工作中石棉纤维浓度均值的研究显示①，隔离屏障以内纤维数量为0.096f/cc，隔离屏障以外纤维数量为0.006f/cc。因此，当承包商依照法规的明确要求开展具体工作时，纤维超过暴露等级的可能性是极低的。

上述数据就为确定不良事件发生的概率奠定了坚实的基础，也使保险公司降低了风险的不确定性。

关于石棉风险的另一个不确定性就是如若发生了石棉泄漏将可能会有多少人受到影响。试图推测这个数字时，需要仔细考虑以下因素：建筑物类型、建筑物被占用的情况、清除项目工作区域的建筑面积。计算保险费率时可能要依据合同总收入和与石棉相关的收入作为测算风险暴露的基础。

为了谨慎地评估风险暴露等级从而测算出费率，从不同建筑物类型中取样并且评估人均办公面积是非常重要的。通常来说，政府部门的人均办公面积约为一百二十到一百五十平方英尺，律师事务所的人均办公面积约为三百到三百五十平方英尺，因此人均办公面积介于上述区间都有可能。总务管理局出版的指南规定，为了符合费用－效能标准，政府机构人均办公面积不应超过一百三十五平方英尺。

---

① 埃里克集团创作的一份未发表报告，财产权转移保险：法律驱动责任，1991年3月29日。

可以用人均办公面积来估算潜在的石棉纤维接触人数。例如，假设一栋办公大楼有三万平方英尺，人均办公面积二百平房英尺，这样就可以估算出整栋大楼约为一百五十人。这就是减少风险不确定性的第二种方法。

依据结果进行的风险保费调整也可能与石棉的销售收入相关，用公式表示为"潜在暴露人数/每千元石棉销售收入"。

为了进一步明确吸入石棉而罹患疾病的概率，可以参考石棉对人类健康影响的相关研究。评估石棉对健康的影响程度需要借助剂量模型。剂量可表示为一段时间内纤维接触程度的函数。通过分析OSHA模型得出，相较于暴露在石棉清除项目中低剂量的石棉挥发环境，暴露于石棉环境中的人群每千万人的死亡率/致残率在风险模型中出现了显著提升。

例如，假设我们能够确定每千元合同金额的石棉接触及暴露人数为十人，同时纤维浓度为 0.2 f/cc，经查阅职业安全和健康管理局（OSHA）修订后的数据表，我们发现死亡率/发病率为每千万人口六十人。用六十人除以一千万人乘以 0.2 f/cc，得出每千元合同收入为十万分之一点二个索赔。减少石棉相关疾病发生几率的不确定性的第三种方法就是按照上述方法用死亡率/发病率数据来推算得出。

最后一种方法就是去确定潜在损失的程度。尽可能地用所有的人身健康索赔案件支付的平均赔偿额来减少这种不确定性。在第二章中详细地说明了兰德民事司法研究所的研究成果，研究成果显示，石棉责任案件中支付给原告的平均赔偿额为六万美元。这就为评估商业建筑领域石棉责任的损失提供了基础数据。

例如，假设六万美元（按 1982 年美元计算）增加到十二万美元（按当前 1997 年美元计算），将平均索赔额（十二万美元）乘以每千元合同收入的预期索赔数量（每千元合同收入十万分之一点二个索赔），得出 $120000 \times 0.000012 = \$1.44$，这个 1.44 美元就是每千元合同收入的最终赔付成本。

通过明确石棉责任损失程度以及最终费用水平，上述结论将进一步提高计算风险保费的精确程度。

为了确定承保石棉清除的风险保费，识别石棉清除过程中可能导致人身损害风险的不确定性也同样必要。在石棉清除的案例中，评估不良事件的几率可以通过检查人体的纤维接触水平、石棉清除过程中释放出的石棉纤维的接触人数、在不同接触程度下人体疾病的表现程度等予以明确。损失的程度可以通过历史上的石棉责任判例进行评估。仔细研究以上信息将极大地降低风险保费决策中的不确定性，并且可使风险保费与实际的风险水平相匹配。

Ⅲ. 指定区域石棉风险的不确定性

处理建筑物中遗留的未知数量的石棉与石棉清除的程序类似。这两种情况下的风险都是相同的，即第三方因吸入石棉纤维而遭受人身伤害。

和石棉清除一样，清除建筑物中的石棉也有明确的监管标准。要详细说明潜在的风险暴露就需要理解那些已在标准中给出了石棉纤维散发可能性的法规和信息。清除建筑物中石棉与石棉清除的法规之间最主要的区别是是否需要监控石棉的状况。如果石棉保持稳定且不易碎，那么石棉纤维扩散的可能性就非常小。因此在这种情况下，标准仅要求识别和通知含石棉建材的位置。如果石棉受到了扰动，就必须根据 1995 年职业安全和健康管理局（OSHA）的分类体系的要求实施全面的石棉清除工作。

正如之前所说的，石棉纤维对健康所产生的影响与接触剂量相关。剂量则是与暴露水平和暴露时间均相关的一个变量。就含石棉建材的建筑物本身而言，人类与之长期接触的风险极低（通常为零)。需要将其与石棉清除模型作比较，来确定在哪一种情形下的短期风险暴露水平更高。两个情形均可使用职业安全和健康管理局（OSHA）编制的健康风险影响的剂量模型。

指定区域石棉与石棉清除过程中的风险暴露人群不同。一次意外的石棉散发对所有在建筑中的居住者和访客来说都有潜在的暴露风险。用来确定石棉清除风险概率的数据和精算公式可以精确地推算出此种情形下的风险几率。

之前列举的石棉清除案例也可应用于此，不同之处在于，计算时需要用每平方英尺的潜在接触人数来代替每千元合同收入的潜在接触人数。

建筑物之间的类型差异也需要予以考虑。人们在公寓大楼里会停留很长的时间，因此这里的风险或多或少会更高些。而大多数顾客在购物中心只会做短暂停留，因此那里的风险会略微低一些。

如上所述，石棉对健康的风险和接触剂量相关，剂量是一定时间内纤维接触程度的函数。在石棉清除过程中，一般会有大量的石棉纤维在短时间内散发出来，因此通常短时间内的风险会更高。而指定区域石棉则可以更好地说明长时间低剂量石棉接触的风险。一旦把剂量模型之间的差异考虑进去，那么用来评估石棉清除过程中的风险所搭建的死亡率/发病率模型也适用于指定区域石棉的模型。

石棉清除过程中产生的索赔费用可应用到指定区域石棉的风险模型。

用来确定石棉清除风险保费的数据也可用于确定指定区域石棉的风险保费。

评估潜在石棉暴露人数的计算需要明确石棉剂量之间的差异。石棉清除可在短时间内引起高剂量的石棉暴露，而指定区域石棉更有可能在长时间里才会产生低剂量的石棉暴露。风险保费的确定有赖于对这个模型的深刻理解。

石棉清除和指定区域的石棉：

全面总结和结论

为了确定承保石棉意外散发导致的潜在损失的风险所需达到的保费总量，必须要对这类风险有全面的认识。确定石棉清除和建筑物中石棉的风险保费都遵循着相似的分析模式，两者均采用基于现有科学数据的四级复查法。研究石棉风险不确定性的四个参数分别是：石棉意外散发的潜在风险暴露等级、石棉意外散发的潜在接触人数、接触石棉后罹患疾病的几率以及因石棉暴露罹患疾病的赔偿金额。

风险参数确定后，对有效的科学数据进行研究就可使不明确的风险变成非常确定的风险。承保人通常依据历史数据来对风险进行评估。当缺乏有效的历史数据时，承保人可以借助科学数据来测算承保石棉意外散发风险所应收取的风险保费。

基于这种解决风险不确定性以及确定风险保费的方法，接下来将讨论能够影响风险保费的其他因素。

Ⅳ. 影响可保性的其他障碍

逆选择

正如在第四章中所指出的，逆选择是影响风险保费厘定的另一个问题。就石棉风险而言，承保人判断逆选择风险的关键点是被保险人的行为是否符合政府的标准。承保人可能会把那些严格遵守政府法规行事的产权人和承包商划归为优质风险，而把那些不遵守政府法规行事的产权人和承包商划归为劣质风险。区分优质风险还是劣质风险的方法包括检查潜在被保险人的内部运营流程、监控被保险人的行为以及审查被保险人的运营流程以确保其遵守政府法规。此外，遵守政府法规是承包商获得许可的先决条件。

道德风险

在石棉保险的核保上，道德风险并不是保险公司需要特别关注的一个风险。因为石棉保险仅为指定区域内的石棉风险提供保障，保险公司通过选择"细心"的建筑物所有者或者拆除项目的承包商就可以克服逆选择风险，也就无须关注被保险人是否有粗心大意的行为了。由于不存在直接获益的可能，因此建筑物的所有者或者拆除项目的承包商没有动力去故意造成房地产或项目中的石棉破损、暴露并释放到空气中了。在第四章中介绍过的处理道德风险的标准程序也足以预防此类风险，如使用免赔额和自保自留额等手段。

相关风险

发生相关风险的唯一可能就是责任标准有可能会发生变化。如果被保险人的责任增加了，那么索赔的可能性也相应增加了，这样之前的风险保费计算就变得无效了。一项有关政府监管环境的研究对责任标准变化的可能性进行分析。研究显示，石棉责任的标准不太可能发生变化。对石棉相关问题的分析已经持续了十年的时间，目前结论早已尘埃落定；指定区域石棉的法规也已经非常稳定了。

结论

目前，承保现有建筑物中的石棉风险已经没有明显障碍。通过获取潜在被保险人的承保数据就可以毫无异议地、科学地计算出保险产品的价格，但是保险产品定价的关键在于对不确定性的评估。对承保数据采取四个层次分析的方式：潜在的石棉纤维暴露、潜在的石棉纤维接触人、因石棉纤维接触导致的潜在疾病和赔偿金额。

规范这些变量的关键在于被保险人要严格遵守联邦有关石棉处理的相关法规。一旦被保险人向保险公司保证将遵守联邦的强制性法规，那么风险就可以预见了。关于风险损失的程度可通过研究法院案例的赔偿金额获得。

V. 管理成本

一旦风险保费确定了，就向评判保险产品的生命力方面迈出了一大步，但是仅仅做到这些还不足以把保险产品投入到市场上进行销售。专业保险公司的产品定价不仅要涵盖风险保费，还要涵盖分析、承保、销售、赔付和符合保险监管要求的各项成本。通常，把这些成本统称为管理成本，管理成本将占据保费的一定比例。

以百分比形式展现的管理成本分类表：

行政	10%
佣金	15%
税和费	5%
总计：	30%[①]

接下来是对每一项成本构成的简要描述。

行政

行政成本包含以下四个主要部分：承保费用、客户服务费用、合规费用和一般行政费用。承保费用反映的是保险公司筛选和监控潜在被保险人的成本。依据潜在被保险人投保申请材料所显示的风

---

① 来自埃里克集团创作的一份未发表报告，艾伦·波特撰写。然而，类似的数字也出现在：百思得数据汇总和平均数—财产—灾害：1993 版，A. M. Best，欧德维克，新泽西州，1993 年，第 157 页。

险特征，经过风险培训的承保人可以评估出合理的承保价格。

除了承保费用外，保险业也是受政府高度监管的行业。要遵守州法规关于表格、费率和承保范围等项目的监管要求，保险公司既要花费时间也要支付高昂的合规成本。通常从申请州保险经营许可证到填表排队至少需要一整年的时间，并且保险公司每年为了符合州的监管要求需要持续地支付大量的费用。

保险公司的客户服务和一般的行政费用及其他服务业类似，在此无须做过多的介绍。

佣金

佣金成本是保险公司支付给保险经纪人和保险代理人的产品分销费用。通常保险经纪人为了获得（1）对客户最好的保障范围和保险价格和（2）最高的佣金收入，其会与多家保险公司接触并寻求有竞争力的保险报价。

保险经纪人的行为和动机对保险市场产生了明显的影响，尤其是对那些需要专业技能的保险产品来说，保险经纪人的支持力度通常也是可得佣金率的一项调节参数。一般来说，保险公司为专业保险经纪人提供的佣金率均值为15%，这里也包括环境保险在内。如在第三章所示的，目前保险公司支付的分销费用有下降的趋势。

税和费

上表所示的5%是保险税费的平均估值。除法规明确规定的费用外，每个州都有自己的一套规则和专门适用于保险的费用结构。

结论

保险公司收取的保费至少需要涵盖保险产品的风险保费和管理成本。此外，保险公司必须觉得有盈利的机会。对于那些用科学数据而不是历史的、精算模型进行定价的风险，获利机会应能够充分抵消由模型选择带来的风险。

接下来保险公司就要判断用涵盖风险保费、管理成本和合理利润的价格销售的保险产品是否有市场机会了。这项工作的任务就是要确定是否能在规定的定价策略下把保险产品销售出去了。

VI. 保险产品的可销性

即使风险能够计量，并且能够依此开发出相应的保险产品，也不能够确保会有人愿意购买这类保险产品。如果缺乏市场需求，那么这种风险依然是不可保的。

因此，最后的工作就是要判断把保险产品销售出去所需具备的必要条件。通常来说，客户购买保险并不单纯只是用来转移风险的，仍有其他一些因素影响着客户的购买决定[1]。在石棉领域，客户通常是为了符合第三方的要求来购买保险的。例如，美国建筑师学会制定的发包工程标准样式里就包括要求承包商在工程开工之前购买保险以承担责任[2]。

建筑物所有者将工程交由承包商去完成，通常会要求承包商出具与工程相关的某种责任能力证明。对许多承包商来说，解决方法就是购买商业综合责任保险。建筑物所有者通常要求承包商提供已投保证明，以此来确保有其他运营良好的公司（保险公司）对承包商负责。有经验的建筑物所有者甚至会要求承保的保险公司必须持有顶级评级公司的高评级，这样就可以确保承保公司能够有效地承

---

① 霍尔，伊夫林，"环境损害保险为增长提供均衡"，百思得评论—财产—灾害保险版本，A. M. Best，95（12），1995年4月，第40–44页。
② "建筑合同的一般条件。"美国国际集团文件 A201.1987 年版本。美国建筑师学会，华盛顿特区，1987 年，11，11.1–11.3 部分，第19–21页。

担起建筑承包商的风险。

一旦保险公司能够为执行石棉清除工作的承包商提供保险，那么建筑行业就会快速地对这种保险产生需求①。在交易过程中，这类保险已成为一种实质意义上的许可证了。1987 年至 1992 年间，专业石棉保险的年保费已增长至一亿美元，这已占到了环境保险五亿美元年营业额的百分之二十②。

在建筑物中有残留石棉的情况下，购买责任保险是建筑物所有者规避风险的措施之一。建筑物所有者购买指定区域石棉保险的需求并不像承包商购买石棉清除保险的需求那样强烈，这是由于没有第三方来要求建筑物所有者需持有指定区域的石棉保险。这种自愿性特征使得保险打入市场变得异常困难，因此购买此类保险的年保费只有每年约二百万美元③。

如果建筑物所有者本身有大量的资金储备，他们就更不太可能通过购买保险的方式来转嫁风险了。数据显示，年度收入不超过一亿美元的公司购买责任保险的保费支出占其年收入的比值四倍于那些年收入超过五十亿美元的公司，他们仅会自留不超过百分之二十的风险④。结果是，从购买保险所支付的保费占公司年收入的比值来看，公司越大则越不太可能购买保险⑤。

----

① 沃格尔，托德，"关键产业：今年第 1 号，石棉中有黄金"，商业周刊，1988 年 5月 23 日，第 122 页。

② 昆特，迈克尔，"承保环境责任"，纽约时报，1994 年 2 月 17 日。

③ 根据销售报告。

④ 1994 年风险成本调查，韬睿风险管理出版社，斯坦福，CT，和风险与保险管理协会（RIMS），纽约，1995 年，表格 5，第 39 页。

⑤ 见工程新闻纪录出版物关于石棉承包商和年度收入的年度报告。

VII. 章节小结

承包商对石棉责任保险的需求很高,这样每年就会产生一亿美元的保费收入。财务责任担保制度的存在是石棉责任保险成功的主要原因。购买石棉责任保险的绝大多数公司年度收入少于一亿美元①。建筑物所有者对指定区域的石棉保险的需求有限,如果仅仅是为了转移责任的目的是不足以激发建筑物所有者的保险购买需求。显而易见,事实已证明了承保石棉相关风险的保险是可以销售的。

VIII. 第五、第六章综述

在第四、第五章对石棉的相关风险进行概述,从描述和分析历史上的石棉风险入手,研究结果包括认识到当前的石棉风险主要是建筑物中残留的石棉对在建筑物中工作的工人的健康产生影响的风险。这些健康影响是由于吸入石棉纤维所引发的,原因包括现有建筑物中的石棉变得易碎或者石棉在清除过程中受到了扰动。

在第六章讨论了石棉风险具备可保性和可销性需满足的条件。联邦法规对石棉的处理作出了明确的规定。用联邦法规作为行为规范,有可能从现存的石棉材料中发掘出石棉纤维暴露程度的相关数据。对有效数据进行统计分析,就使合理预测石棉暴露致损的几率和程度成为可能。统计分析的结果便于保费的测算,但对测算逆选择、道德风险和相关风险的风险保费来说却没有太大用处。保险公司推出一个新型保险产品所必须收取的最低保费是含管理成本的风险保费。

---

① 同上。

　　评估完成后，只需要再判断是否存在着可以按高于最低保费的价格来销售保险的市场。由于建筑物所有者要求承包商提供保障以确保其能够顺利地完成工作，那么承包商有购买石棉保险的强烈欲望。而建筑物所有者对建筑物中石棉风险的保险需求就不那么明显了。

　　保险可承保商业建筑物中的石棉相关风险。石棉风险是可保风险，并且是有市场需求的。

第七章　承保其他类型的环境风险

在前两章中介绍了如何判断现有建筑物中石棉风险的可保性和可销性问题，并讨论了由此产生的新型保险产品的相关情况。在本章中，我们将讨论其他三种类型环境风险的可保性问题以及在市场上的表现：（1）产权人对污染场地的环境责任；（2）地下储油罐；（3）含铅油漆的清除。目前这三种保险产品中只有产权人环境责任保险的销售获得了成功，其他两种风险在产品开发期间就碰到了明显的可保性和可销性问题。

本章将聚焦在影响风险可保性的特定组成部分上面，而不对每个产品的可保性因素进行详细的阐述。针对地下储油罐（UST）的保险产品，由于出现了高额补贴的州担保基金，这就使得商业保险公司难以在市场上售出此类保险。模糊的监管标准无法提供一种处理含铅油漆清除相关风险的有效方式。而明确的、可接受的实施标准是限定风险不确定性的基本条件，由于相关标准的缺失，这种潜在的保险也未能获得成功。

Ⅰ．对污染场地的责任

监管环境

如第二章所述，《综合环境反应、补偿和债务法案》（CERCLA）

或者"超级基金"是为了处理被危险物质污染的场地将有毒有害物质释放到环境中所引发的问题。通常，这些场地已不再能有效地容纳污染物并实现自我净化了。

《综合环境反应、补偿和债务法案》（CERCLA）对广泛的潜在责任方（PRPs）施加了污染场地修复的严格责任。法院通过判例的形式确定《综合环境反应、补偿和债务法案》（CERCLA）适用于非常广泛的人群，目的是给污染制造者施加沉重的清理污染的压力。这种责任也延伸到了场地的新产权人身上。过去在场地上实施的活动所造成的污染，不管新的产权人是否实际造成了污染，新的产权人也要对此承担清理责任[1]。在一定范围内，新产权人的放款人可能也会在责任方之列[2]。正如任何人都能预料到的，这种潜在的责任对场地交易会产生令人恐惧的显著影响。

大多数的州法令也规定了新产权人要承担与《综合环境反应、补偿和债务法案》（CERCLA）规定类似的责任。总计有一百一十二个州的超级基金和地下储油罐法令给场地所有者施加了危险物质清理的责任。

为了在经济上保护自己，买方和贷款人通常会依据收购前的第一阶段场地评估结果来识别那些早已存在的潜在污染[3]。标准的收购前场地评估的范围有限，其主要由五部分组成：

1. 所有权审查；
2. 通过航拍照片进行复核；

---

[1] 保罗·K. 弗里曼，"风险经理和物业转移环境的幽灵，"风险管理，风险和保险管理协会，1992年2月。

[2] 祖卡斯，罗德，"超级基金给银行提供了一只手，"商业保险，科伦通讯，芝加哥，1995年10月2日，第17-20页；赫克托，格雷，"你不能获得贷款的一个新理由，"富通，1992年9月21日。

[3] 西布利，格伦·E，"环境保险，"城市土地，ULI-美国城市土地协会，华盛顿特区，1992年6月。

3. 确定不动产是否存在着环境留置权；

4. 核查联邦、州和地方政府有关该场地使用危险物质或危险物质泄漏的记录；

5. 实地调研。

通常在收购前场地评估的第一阶段不会进行试验和取样①。

风险概述

当前产权人面临的风险就是"作为产权人，即使他没有实施过污染行为，他也要为过去在场地上发生的污染承担环境修复责任"。当前产权人可以通过交易前的场地评估服务尝试着去发现任何先前的污染活动，这样多少可以减轻其自身的风险。

即使有高水平的环境工程师来进行场地评估，也存在着未能检查出既往污染的情况，但这些环境工程师却很少为此承担责任。一般来说，环境工程师在进行场地评估服务前会附上免责声明，即使没有附上免责声明，环保咨询的"错误和遗漏保险"也不足以保护与之签订服务合同的产权人。因此，即使产权人或贷款人已经实施了第一阶段的场地评估，但是评估报告未能发现土地在购买前的污染情况，那么产权人或放款人也仍将面临潜在的、巨大的环境责任风险。由于缺少能有效地转移这些环境风险的方式，公司和产权人在土地转移过程中存在着因迟延发现污染状况从而遭受重大损失的风险。为了解决这个问题，保险公司已经尝试着去开发保险产品来转移土地交易后潜在的环境清理责任风险。

可保性条件

环境治理责任风险的可保性与几个相互关联的因素相关，其中

---

① 进行测试和测量的美国社会，"E 1527 - 94，"环境场地评估的标准做法：第一阶段的环境场地评估程序，美国试验材料学会，费城，宾夕法尼亚州，1994 年。

最为关键的是能否清晰地分析出哪一种责任实际上施加给了土地的购买人。这种分析需要审查近二百个与《综合环境反应、补偿和债务法案》（CERCLA）相关的联邦和州的条例。为了进一步理解，需要分析出哪一种理论上的责任是实际上需要承担的。进一步分析将有助于理解责任索赔的本质，如场地修复、厂区外污染的索赔等。

条件1：识别风险

通过对工程数据的审查，可以清楚地知道有多少场地可能已经受到了污染。如果责任是明确的，那么要评估责任的大小就需要确定相关的法庭判例中的潜在索赔是多少。

可保性的研究需要借助现有的工程信息数据和法庭判例来量化索赔的严重程度和频度。由于承保这种风险的关键就是去限定承保那些没有已知风险的场地或者是通过简单的测验就能发现污染的场地，因此对污染场地识别的理解是必要的。通过工程研究收集包括潜在被保险人地址等信息对于限制此类风险的逆选择和道德风险是必不可少的。为了满足可保性条件，必须建立起最低程度的环境审查标准来审核场地的状况。

全国商业地产的平均污染率约为百分之二十，一项针对九千个环境审查的研究提供了这个数据[①]。这个比率是指超过政府容许的暴露标准并受到污染的场地占全部样本的比例。研究表明，在所有受到污染的场地中，有四成的场地均未在收购前的场地评估中检测出污染[②]。这组数据可用于有关污染可能性的精算模型。

为了估算出未能在并购前场地评估检测中发现的污染所能造成

---

① 见关于这项研究的一篇文章："场地评估：保险设定了标准，"工程新闻纪录，麦格劳希尔，1991年6月17日；菲德尔，本拿比·J，"创造不同：新的污染保单，"纽约时报，1991年6月9日。

② "场地评估：保险设定了标准，"工程新闻纪录，麦格劳希尔，1991年6月17日；保罗·K.弗里曼，"风险经理和物业转移环境的幽灵，"风险管理，风险和保险管理协会，1992年2月。

的潜在损失，有机构对联邦和州的三千多个场地的强制性清理所产生的费用进行了调查研究。研究表明，平均的修复成本（CORA）从地下储油罐（USTs）的十万两千美元到联邦优先处理全国重大危险废物清单（NPL）的超过三千三百万美元（1991年的美元币值）不等①。

一旦掌握了这些潜在的损失频度（未能发现污染）和严重程度的变动范围，风险识别问题就变成类似于确定地理和人口分布这样的问题了。以二百个联邦和州的法令为基础建立的法律模型就是基于这个目的，该模型提升了某一损失可能性评估的确定性。

条件2：设定风险保费

基于上述数据，我们可以用第四、第五、第六章中讨论的方法来确定风险保费。通过明确受污染的物业总数、污染的平均清理费用，以及发生污染的概率，可以计算出损失的数量分布，并明确最终风险保费。

正如在第四章中所讨论过的，额外的风险现象还包括逆选择、道德风险和关联风险。场地转移责任保险潜在的逆选择或者道德风险产生的主要原因是保险公司没有察觉到本应很容易发现的风险。如果没有实施最低限度的环境审查，那些原本比较容易发现的风险就可以通过保险公司审查了，那么逆选择将会发生了。当产权人已经明知场地存在污染风险并且去购买保险，那么道德风险就可能发生。然而，保险公司只要在承保前实施最低限度的环境审查，那么这两种情况就都不可能发生了。

如果政府的清污标准不会发生显著的变化，那么关联风险也不是保险公司需要着重考虑因素。单一事件导致多重损失的唯一可能性来自污染从一块场地扩散到邻近的几块场地。最低限度的环境审

---

① 田纳西大学危险废物治理项目，废物管理研究和教育机构，州和私人部门的清污，田纳西大学，诺克斯维尔市，田纳西州，1991年12月，第19页。

查也会消除这种风险发生的可能。

结论

现有的场地转移责任保险是为商业地产设计的，它不适用于工业或民用地产。对环境管理的研究提升了责任的明确性，工程数据的研究和法庭判例提高了损失几率和程度的确定性。建立最低限度的环境审查将可有效防止诸如逆选择和关联风险等现象的发生。一旦风险保费确定了，从技术层面上来讲保险已经成为可能。然而，可销性问题仍有待检验。

可销性问题

既然法规没有对场地转移责任保险作出特殊的规定，除非潜在的客户（产权人，买方和放款人）自愿去购买这种保险，否则也不可能有市场需求。实际上，保险解决方案要求这些客户作出两种购买决定：（1）购买保险前进行场地评估；（2）依据场地评估结果来购买保险。

现有保险产品的营销经验表明，在产品销售的最初阶段，潜在客户只愿意购买场地评估服务。即使客户对购买场地评估服务已习以为常，并且知道场地评估固有的局限性，他们也仍不愿意去购买保险。因此有必要知道哪些参与商业地产交易的主体在何种条件下才会愿意同时作出购买场地评估服务和保险的决定。

焦点团体

借助焦点团体的研究方式就可以了解市场购买场地转移责任保险的意愿。从1991年到1992年，经过历时超过两年对全国的三十多个焦点团体采集了录像带，这些材料鲜活地证明了场地的环境评估正逐渐被市场所接受①。

当 1991 年创建焦点团体时，研究对象都是国家最大型的开发和投资公司的并购副主席。最初，这些研究对象均说公司只会对那些涉嫌受到污染的场地去购买环境评估服务。然而，在十八个月的研究期间，研究对象已经改口说作为一项标准将对所有场地进行环境评估。在贷款业也发生着同样理念上的变化。在十八个月里，绝大多数的全国性银行开始要求将环境评估作为银行资助地产交易的前置条件②。

有下列几个原因造成这种态度上的改变。首先，美国试验与材料协会（ASTM）制定了场地评估草案，该标准获得市场上的广泛认可。其次，联邦政府要求全国性银行把实施环境尽职调查作为贷款活动的一个组成部分。如今，评估程序是联邦存款保险公司（FDIC）合规流程的基石，在其制定的"环境风险项目指引"里，联邦存款保险公司（FDIC）要求所有由其提供保险的银行都要开发特殊风险评估保单。最后，以地产现金流为债务评级工具的非政府机构将评估作为尽职调查程序之一③。这些非直接机制的结合使环境标准向制度化迈进，也为保险奠定了基础。使用评估报告中的参数，保险公司就可以承担剩余的责任了。

产品改良

余下的销售问题就是那些潜在的客户是否愿意负担环境评估和场地转移责任保险的成本。从某种程度上讲，将保险的成本纳入到

---

① 见加拉格尔，玛丽·埃伦，"投保成功：焦点团体引导建立环境保险产品，"夸克营销研究评论，1991 年 12 月。

② 随后的常规调查结果确认了在市场研究工作中识别出的这种趋势。见班尼特，马克·J，"调查显示放款人广泛地接受环境风险管理保单，"不动产/环境责任新闻报道，1993 年 5 月 10 日，（第二部分）。

③ "资信调查，"商业抵押证券，标普，1993 年 3 月 8 日，第 9 页。

土地的成交价中对场地转移责任保险的销售来说至关重要。如果将保险成本纳入到土地成交价中的一项预算支出，那么保险成本对于整体交易价格的影响可以说微乎其微。因此，最终的营销任务就是将场地转移责任保险作为完整的环境风险管理和尽职调查中的一部分——而这正是交易完成的表现。

有限的认可

自 1992 年将场地转移责任保险作为一个新产品引入以来，该保险已经获得了市场一定程度的认可。据粗略估计，该产品的年营业额已达五百万至一千万美元；有价值超过十五亿美元的土地获得该保险的保障[①]。

环境保险收集到了大量受到污染的商业地产的损失数据，由此产生了的一项附属工作便是确定现已受到污染的场地状况。受污染场地的修复工作也因环境保险的承保被激发了。随后，修复工作自然而然地就出现了。

这个产品被广泛地应用在所有地产收购项目中。当然了，它主要应用在第三方（通常是金融机构）要求保险作为额外保护等特定的情况下。在某些情况下，这个保险可能起到赔偿替代物或者应对环境索赔的特定储备金账户的作用。与之前章节讲述的石棉保险相比，在购买此保险上不存在强制的产业驱动。

概要及未来趋势

《综合环境反应、补偿和债务法案》（CERCLA）是为了解决《资源保护和恢复法案》（RCRA）没有包含的危险废物扩散问题，其给产权人施加了承担清理污染场地的宽泛责任，产权人面临着污

---

① 依据销售报告。

染和随之而来的修复费用支出的风险。为了保护自己，产权人通常会对土地进行事前的环境评估。银行也会越来越多地将场地评估作为放贷的要求之一，尤其是联邦存款保险公司（FDIC）要求对潜在污染责任进行尽职调查。

然而，大约有百分之二十的商业地产受到了污染，这其中只有不到百分之四十进行了场地评估。这表示着余下的都是潜在的危险，对产权人和贷款人来说这种责任风险极其高昂，这种潜在的风险也抑制了房地产的交易。而保险却能够承担这种风险。无论是从统计上还是从科学的视角来看，这种风险都是可保的。这种保险的销售需要房地产交易参与方将场地评估随同保险一起作为一揽子环境风险管理的一部分。由于风险只在有限的程度上才会偶然发生，因此市场上场地转移责任保险也仅在有限范围内被接受。

然而，越来越多参与商业地产投资组合交易的人开始意识到保险的好处。保险能够保障整个投资组合，消除不动产组合交易中潜在的环境风险[1]。另外，独立的私人信贷评级机构也开始意识到保险作为尽职调查和金融安全的媒介所显现出的价值[2]。

II . 地下储油罐

泄漏的地下储油罐（USTs）对美国地下水资源的潜在破坏是明显的。美国国家环境保护局（EPA）估计，燃油分销商、市政当局

---

[1] 请注意，投资组合中不动产广泛分布的情况下，在投资组合保障上关联风险不能成为一个问题。当评估一个投资组合风险时，环境保险承保人将使用位置的多样性作为可保性的一个条件。一个投资组合的关联风险存在于如几个独立的保险财产（有单独的责任限额）位于相同的蓄水层之上时。在这个例子中，发现一个单一的污染可能同时出发几张保单。

[2] 见标普的房地产金融，保险要求，财产保险，环境保险。也见标普，信用复核，标普公司。行政和编辑部，纽约，1993年3月8日，第9页。

及工业企业用于储存石油的地下储罐超过一百四十万个，其中有百分之三十五的储罐存在着泄漏风险。截至 1992 年，已经确认了十八点五万起的泄漏事件，总修复成本估计在三百亿美元到四百亿美元[①]。由于一半的美国人口将地下水作为饮用水水源[②]，储罐泄漏的潜在影响可能是目前美国最为紧迫的环保问题。

监管环境

联邦政府全面分析了地下储油罐风险的控制流程，并制订了完善的条例来处理运营、维护、置换和储罐保险事宜。条例体现的理念是现有产权人应对从其储罐中泄漏的物质所产生的花费负责。

从 1984 年开始，美国国会和美国国家环境保护局（EPA）启动了地下储油罐条例的实施计划。该监管计划最初源自于《资源保护和恢复法案》（RCRA）及《固体废物法修正案》，并替代了美国国家环境保护局（EPA）之前对地下储油罐的监管规定。随着 1988 年《超级基金修正案和重新授权法》（SARA）正式实施以来，美国国家环境保护局（EPA）的授权范围进一步扩大，《超级基金修正案和重新授权法》（SARA）项下有两个条款涉及地下储油罐。首先，美国国会要求储罐所有者证明其能够承担因储罐泄漏导致的经济赔偿责任。其次，建立地下储油罐信托基金负责对难以追踪的储罐所有者的泄漏事故进行清理。该信托基金通过对已售卖的每加仑汽油征税一厘钱而筹资设立。

1987 年，美国国家环境保护局（EPA）颁布了地下储油罐的法规和标准，专门对地下储油罐的测试、改造、置换和经济责任进行规定。规定的经济责任非常严苛，要求储罐所有者提供每次赔偿金额为一百万美元、累计赔偿金额为五百万美元的保障。这些法规同

---

① "地下储油罐：前方是一个繁忙的十年"，环境时代，1992 年 11 月，31 页。
② 布洛杰特和科普兰，1985 年。

时规定，商业保险以及其他方式也必须符合监管上的经济责任要求。

在 1988 年 9、10 月期间，美国国家环境保护局（EPA）公布了地下储油罐法规的最终规则。规则规定根据企业的规模，要求各类企业分阶段提供经济责任证明。最小型的公司可以在 1990 年 10 月之前提供符合监管要求的证明材料。此次规则的严厉程度较 1987 年的规则有所减轻，主要是受到了工业团体的压力[1]。

这些最终规则目前已实施。规则要求提供能够覆盖任何矫正行为的成本以及因意外泄漏产生的第三者赔偿责任的经济责任证明。根据储罐运营的状况和正在处理的储罐数量，每次事故赔偿限额被设定为五十万美元或者一百万美元。根据保障的地下储油罐数量，每年累计赔偿限额被设定为一百万美元或者二百万美元[2]。

与石棉污染一样，法规对储罐的运营、维护、置换作出了非常明确的指导准则。因此，已被指定从事财务担保人角色的商业保险公司已着手开发此类保险产品。

1989 年，经济责任要求对两类拥有最大数量的地下储油罐企业开始生效。然而，小型企业和与国会委员会有关联的小型企业给美国国家环境保护局（EPA）施压，要求推迟对小型企业的经济责任要求。《纽约时报》在头版报道了地下储油罐法规将迫使许多小型加油站倒闭。

与此同时，石油经营者协会等团体预测美国百分之二十五的加油站将因此倒闭。在政治压力下，美国国家环境保护局（EPA）允许各州建立自己的州担保基金（SGFs）来满足地下储油罐法规的要求。这些基金通过汽油销售税和（或）年费资金集资设立，为储罐

---

[1] 沙罗维茨，黛博拉，"美国国家环境保护局削减了地下储油罐的保障规则，"商业保险，1988 年 10 月 31 日。
[2] 美国审计总署，危险废物：关于污染保险的成本和有效性的最新报道，美国审计总署，华盛顿特区，1994 年，第 13 页。

所有者提供法规要求的财务担保。一个典型的州担保基金（SGFs）按照汽油销售和交付数量的一定比例进行征税来融资，对每加仑汽油收取一厘钱到二分钱不等的销售税，并且（或者）按年度对运营商收取二十五美元到二百美元不等的费用。例如，明尼苏达州按照每加仑一分钱的标准对该州所有的已售汽油征税，而北达科他州则按照每个地下储油罐每年一百二十五美元和每个地上储油罐每年七十五美元的统一的标准收费。截至 1995 年底，已经有三十四个州担保基金在实际运营，尽管其中的部分基金已经产生了巨大的赤字①。

可保性条件

接下来将讨论为什么地下储油罐泄漏风险符合可保性条件，以及在提供保障时需满足什么样的特定条件。

条件 1：识别风险

从各种研究中（包括特定联邦法规）收集到的地下储油罐泄漏的历史数据中有可能推断出不同年限存在泄漏可能的储罐占比、预计的清污费用以及储罐的更换费用。通过这些有关损失金额的数据，保险公司能够评估出损失频率和平均损失。

田纳西大学对美国地下储油罐泄漏的总体清理费用进行了研究。该研究调查了七万五千多个场地，估算出当前地下储油罐的平均清理费用为十七万五千美元②。该项研究包括了对扩散到厂区外的污染事件以及随之而来第三方诉讼导致损失的评估。这种责任损失平均为二百五十万美元到五百万美元③。

条件 2：设定风险保费

---

① 考恩，黛博拉·沙罗维茨，"州担保基金步履蹒跚：近期的发展引起了对基金的可靠性的质疑"，商业保险，1995 年 10 月 2 日，第 1～21 页。

② 田纳西大学，危险废物补救项目。废物管理研究和教育协会，地下储油罐：矫正动作的资源要求，田纳西大学，诺克斯维尔市，田纳西州，1991 年 12 月，第 88 页。

③ 同上。

如果能够识别出储罐的类型、使用年限和材料，那么基本上就可以确定地下储油罐泄漏的可能性。虽然不能完全确定损失的大小，但是可以估算合理的损失金额。

投保前对储罐进行检查，保险公司就能够尽早检测出储罐的泄漏风险，从而避免更大的清污费用支出。由于被保险企业知道如果一旦发生了储罐泄漏保险公司就得赔偿，那么就更没有动力去谨慎行事了。通过使用免赔、共保和设定赔付上限等措施可以阻止那些可能提高损失的行为，也就不会出现道德风险问题了。

由于每一个储罐都是一个独立的个体，关联风险也不是问题，一个储罐的泄漏不会影响到其他的储罐。关联风险的唯一问题就是责任法律中有关清理程度标准的可能会发生变化。关于"应当清理到什么程度"的新规将对保险公司承保储罐的赔偿总额产生影响。

可销性问题

最初，美国国家环境保护局（EPA）有关地下储油罐的法规为商业保险公司提供了市场机会，同时这些法规采用了损失预防技术。然而，州担保基金（SGFs）的出现却扼杀了在那些已建立州担保基金（SGFs）的州使用商业保险的机会。正如上面所指出的，州担保基金（SGFs）通常通过间接征税进行融资，往往是对存贮的石油产品按照每加仑的标准进行征收，而不是按照泄漏的风险进行征收的。许多州担保基金（SGFs）的基金收入不能够提供足够的资金用于清污支出，必须通过交叉补贴①和其他税收资金进行补充。

由于面临着与其他需求争夺使用税收资金的竞争压力，几个州担保基金项目已经产生了严重的赤字。1995 年，密歇根州和伊利诺伊州的州担保基金（SGFs）宣告破产，美国国家环境保护局

---

① 维拉尼，约翰，丹尼尔·E. 因波曼和霍华德·琨楚泽，"地下储油罐法规的发展"，沃顿风险和决策程序中心，宾夕法尼亚大学，费城，1991 年 7 月 31 日。

（EPA）收回了这些州的州担保基金许可。

为了证明州担保基金（SGFs）面临的困难，我们将简要回顾密歇根州担保基金的发展史。1988 年，密歇根州的立法机关正式通过了密歇根州地下储油罐财务担保（MUSTFA）项目。该项目对地下储油罐所有者的场地污染清理费用和第三方人身伤害的赔付承担赔偿。另外，该项目为泄漏储罐的更换提供补贴贷款。基金对已售石油按每加仑七分至八分钱的标准收费来为项目提供融资支持。

1993 年，对密歇根州地下储油罐财务担保（MUSTFA）项目进行审计时发现，在项目的最初两年间，总收入略少于一点一亿美元而支出却接近二点五亿美元。1995 年，对该项目进行了更为详细的分析，分析表明现有的索赔将超过可动用的储备金约八千五百万元到二点三五亿美元。随后，密歇根州地下储油罐财务担保（MUSTFA）宣布基金破产并停止接收索赔。然而，该基金在与石油经营者协会的诉讼中败诉了，实际上基金已不能再支付索赔了，但是在法院的指令下基金仍然继续接收着索赔申请①。截至 1995 年底，该项目赤字已接近五千万美元②。

州担保基金（SGFs）的很大比例支出用在了管理和费用上而非清污上。密歇根州地下储油罐财务担保（MUSTFA）每月收取四百万美元，其中二百五十万美元用于偿债及管理费用。伊利诺伊州也面临同样的情况，每月收入的百分之六十用于购买维持项目继续运作的各种合约③。

由于基金在清污上存在着局限性，因此土壤污染通常会持续许多年。部分州再次调查商业保险在补充（弗洛里达州）或者替代

---

① 考恩，黛博拉·沙罗维茨，"州担保基金步履蹒跚：近期的发展引起了对基金的可靠性的质疑"，商业保险，1995 年 10 月 2 日，第 1 – 21 页。

② 同上。密歇根州地下储油罐财务担保（MUSTFA）同意在 1995 年 8 月 31 日之前支付 6700 万美元，但是每月仅能支付接近 150 万美元。

③ 同上。

（爱荷华州）现有州担保基金（SGFs）项目中所发挥的作用，还有部分州正在考虑一并废除他们的基金项目。在一篇商业保险文章中，伊利诺伊州环境保护局的比尔·蔡尔德说："我们（伊利诺伊州环境保护局）希望退出基金业务"①。

然而，州担保基金（SGFs）有可能和商业保险一并发挥重要的作用。也有人提出州担保基金（SGFs）和商业保险可以共同高效地对地下储油罐进行管理②。按照理想的做法，州担保基金（SGFs）为既往的环境问题提供保障，商业保险则最符合《资源保护和恢复法案》（RCRA）对未来经济责任的要求。更具体地说，每个州的地下储油罐（UST）项目应对某一特定日期之前的既往污染责任提供赦免，州担保基金（SGF）用于资助历史上污染所导致的清污费用支出，并为那些及时发现和报告环境问题的行为提供奖励。在该日期之后的污染，储罐所有者将承担责任并且应遵守经济责任的要求。

在上述这种制度安排下，商业保险公司有动力进入这个市场并且能够为未来的泄漏提供符合预期的保险保障。然而，实际上储罐所有者在州担保基金上付出的成本要远低于商业保险公司所收取的保费③。

由于几乎所有的州担保基金都正面临着财务困境，改变这种情况的时机已经成熟。为了符合《资源保护和恢复法案》（RCRA）对经济责任的要求，已经建议地下储油罐所有者去寻求其他类型的保障④，其中就包括商业保险。

---

① 同上。

② 博伊德，詹姆斯和霍华德·昆鲁斯，"追溯责任和未来风险：地下储油罐的最佳法规"沃顿风险管理和决策程序中心论文，沃顿商学院，宾夕法尼亚大学，费城，宾夕法尼亚州，1995 年 9 月。

③ 在许多州，州担保基金通过对汽油征税来融资。在这种情况下，对地下储油罐所有者来说保障成本实际上是零。

④ 见"地下储油罐基金，"环境预警公告，1995 年 6 月，第 2 页。

可供选择的商业保险类型有多种形式。如新泽西州没有州担保基金，因此对那些无力自保的企业来说，商业保险是唯一的一种选择。华盛顿州则要求储罐所有者承担最低七万五千美元的责任风险自留，储罐所有者的这部分风险自留可以通过购买商业保险或者自保的方式解决，而州担保基金将为剩余部分提供保障。作为符合州担保基金的前置条件，储罐所有者必须进行环境评估以确定是否储罐已经发生了泄漏。几个州的州担保基金模仿了商业保险的一贯做法，即使用免赔条款，如马里兰州、密歇根州、明尼苏达州和俄亥俄州。每个州都需要考虑如何使用商业保险来对现有项目进行补充或替换。

作为商业保险的一种替代方式，也希望州担保基金能采取商业保险的安全保护措施（免赔、共同付费和对不符合技术标准的拒保）来限制道德风险和逆选择问题。但是与大多数政府福利项目一样，由于州担保基金项目是一种事后的补救措施，即使地下储油罐法规规定了事前的损失预防措施，州担保基金项目也很少关注事前的损失预防技术。加强对储罐监控、检查和置换的重视将减少最终损害和社会成本。

总结和结论

美国国会和美国国家环境保护局（EPA）试图通过提供一个全面的计划使地下储油罐的泄漏以及土壤和水体的污染损害减少到最低程度，法规明确和清楚地要求提供财务担保机制。因此，保险公司开始根据储罐的风险特性开发相应的保险产品。

在地下储油罐市场，私人市场未能有效地发挥作用的直接原因是政府通过州担保基金建立了另外一个市场。这些基金根据政府标准而不是实际风险进行收费，因此常常对风险的要价过低。商业企业能够用资金不足的州担保基金来满足经济责任的要求，与此同时商业保险却被地下储油罐保险市场抛弃了。

然而，根据州担保基金过去几年的发展情况，许多州交叉补贴地下储罐所有者的意愿已经开始下降。不幸的是，最终补救成本却高于那些尽早启动了损失控制措施情形下的补救成本。因此，社会解决地下储油罐损害的最终成本实际上高于其需要达到的成本水平。

III. 含铅油漆

早在公元前 3000 年，冶金家就开始使用铅这种物质了。由于铅具有熔点低、延展性好、可锻性强和耐久度高等令人满意的诸多性能，因此铅的使用范围非常广泛。

铅在美国经济中占据着重要的位置，全美国每年要消耗掉一百万吨铅。职业安全和健康管理局（OSHA）指出，有超过一百二十个职业的工人可能会在工作中接触到铅，其中包括冶炼业、铅蓄电池制造业、含铅油漆使用和制造业、焊接制造业、船舶建造和修理业、汽车制造业和印刷行业。

在油漆中添加铅可使油漆具有耐腐蚀和耐候性，同时可以提高油漆的干燥程度。按比重计算，含铅油漆的铅含量最高可达到百分之五十。

风险概述

早在 20 世纪 60 年代晚期，科学家们就发现了铅会对健康产生潜在的不利影响，尤其是对少年儿童的中枢神经系统更是如此。人类接触铅几乎可以影响到人的每一个系统。铅中毒的早期特征表现不十分明显，中毒症状经常和流感症状相混淆，包括消化系统症状、腹痛和食欲下降。随着持续地接触铅，中毒症状可表现为神经衰弱、精神障碍、贫血、脸色苍白和握力下降。如果再继续接触铅，将会对人类造成不可逆的肾脏损害①。

由于儿童正处于身体发育期，似乎儿童比成人更容易吸收铅并且更容易受到影响。儿童铅中毒的症状表现为智力下降、行为异常、注意力不集中和视觉运动障碍。当儿童中检测出中枢神经问题时，血铅表现可能仅为每分升血液三十毫克铅（g/dl）甚至更低。

无机铅暴露的主要方式是吸入和摄入。吸入的大颗粒铅通常会沉积在上呼吸道中。通过纤毛运动和吞咽运动，铅从上呼吸道移动到了胃肠道。细小的铅颗粒会沉积在下呼吸道，在那里铅几乎被直接、完全地吸收。这就使暴露到含铅烟气中成为一种更大的风险。

少年儿童铅风险暴露的主要方式是摄入含铅粉尘。通常来说，粉尘主要来自退化、剥落的油漆。在清除含铅油漆过程中，从事燃烧、加热移除和打磨（如砂纸打磨、刮掉和珠光处理程序）的职业暴露风险是最高的，任何类型的风险评估都会使用这些风险暴露场景。为使操作规程标准化，政府不得不制定强制性法规和必须遵照执行的风险暴露等级标准。

传统的含铅油漆清除方式仍旧只关注如何移除掉更易于被儿童接近的、剥落中的油漆，却极少控制或消除已存在的含铅粉尘或者清除过程中产生的粉尘，也不会去保护或者覆盖家庭物品。含铅油漆的清理程序通常包括干扫或者使用未经过滤的吸尘器，这些技术只会更便于含铅粉尘的重新沉积，结果导致清除前后的住所的安全状况相比没什么改观。

含铅油漆的清除方法被认为是代表着"技术发展的最新水平"，目的就是为了使清除过程中产生的粉尘最少化，同时防止粉尘扩散到毗邻的空间。就这点而言，含铅油漆的清除方法与石棉清除的方

---

① 美国国家环境保护局（EPA），预防办公室，农药和有毒物质"美国国家环境保护提议对从事含铅油漆活动的个人和工厂进行国家级培训、认证、鉴定和标准项目"，环境情况说明书，1994 年 9 月，第 1 页，"铅的健康影响"。

法类似。政府制定的规则包括减少可通过空气传播的含铅粉尘颗粒物，同是需要将工作地点进行隔离。

监管环境

1977 年 9 月，美国消费品安全委员会开始禁止在州际贸易中销售含铅的住宅油漆。然而，1980 年美国住房普查却显示，仍有二千七百万个建造于 1940 年之前的住宅单元使用了含铅的住宅油漆，在那之前粉刷房屋的白色油漆基本上都含碳酸铅。

1990 年美国住房和城市发展部（HUD）针对美国私有住宅的调查研究显示，约有一千三百八十万个住宅单元含有碎片状、脱皮的含铅油漆[①]。美国住房和城市发展部（HUD）估计，有将近五千七百万个建于 1978 年之前的房屋使用了含铅油漆[②]。1991 年，美国住房调查（AHS）发现有六百二十万个房屋的状况很差，表现为恶化和破旧、墙上有洞、油漆呈碎片状和（或者）灰泥破碎和龟裂[③]。

第三次全国健康和营养检查调查（NHANES Ⅲ）在完成第一阶段的研究后报告说，过去十五年里整个人群的血铅水平已明显下降[④]，据估计一百七十万个年龄在一岁到五岁之间的儿童血铅含量为 10g/dl 或者更高[⑤]。关于这个问题美国住房和城市发展部（HUD）

[①] 美国住房和城市发展部，清除私有住宅中含铅油漆的全面可行的计划：给美国国会的报告，政策发展和研究办公室，华盛顿特区，1990 年 12 月 7 日。

[②] 美国住房和城市发展部，含铅油漆危险降低和资助特别工作组，把碎片拼凑在一起：控制国家住房中的铅危险。报告，（HUD－1547－LBP），1995 年 7 月，第 36 页。

[③] 美国商务部和美国住房和城市发展部，1991 年美国住房调查，华盛顿特区，1991 年。

[④] 皮克尔，J. L，"美国的血铅水平在下降，"美国医学协会杂志，1994 年 7 月 27 日，第 284－291 页。

[⑤] 布洛迪，D. J 等，"美国人口的血铅水平，"美国医学协会杂志，1994 年 7 月 27 日，第 277－283 页。

特别工作组描述如下：关于全美铅中毒范围包含着其他信息①。

美国住房和城市发展部（HUD）采取的行动

关于含铅油漆的法规可追溯到 1971 年，当时美国国会通过了《含铅油漆中毒预防法案》，并指示美国住房和城市发展部（HUD）建立规则以消除 1950 年之前建造的美国房屋中的铅，直到发挥切实有效的作用为止。该规则对以下几个方面提出了最低限度的要求：消除儿童现实的铅危险，通知购买人和承租人有关含铅油漆的危害、症状、治疗方法以及清除技术等。

1988 年 2 月，该法案进行了修订，此次修订使得该法案适用范围扩展到了全美的各类房屋构造。可以说此次修订是对之前版本进行的实质性修改。该法案适用于住宅的所有涂漆表面，而不只是原立法规定的"从地板或地面起 5 英尺高的内外表面"的特定部分了②。法案要求，无论房屋是否实施过综合治理改造和翻修工程，对 1978 年之前全美所有房屋构造均要进行全面检查，或者当发现居住在住宅单元里的儿童血铅水平上升时，也要进行全面检查。同时该法案具体描述了政府认可的含铅油漆清除方法，包括用墙板和压层板这样的永久性覆盖物覆盖、清除油漆和更换组件。清除过程中禁止使用强力打磨和明火燃烧这些清除方式，因为采用这些方式将向空气中释放出大量的含铅烟气。法规还规定了许多其他的安全措施，这与石棉清除相类似：

1. 仅限那些直接从事清除工作的人员进入工作区域；
2. 用指示牌，警示带和其他安全措施对工作区域进行管制；

---

① 美国住房和城市发展部，含铅油漆危险降低和资助的特别工作组，把碎片拼凑在一起：控制国家住房中的铅危险。报告，（HUD–1547–LBP），1995 年 7 月。

② 关于该法案，美国住房和城市发展部颁布的法规汇编在联邦法规汇编 24 卷第 35 部。

3. 将可移动的物体从工作区域内移出，如家具；

4. 为了防止污染，需要用塑料薄膜覆盖住固定的物体以及不需清除的其他表面；

5. 清除之后的清理程序应当包括用水擦拭和用高效微粒过滤器（HEPA）清扫所有表面；

6. 由于污染物是微粒状物质，因此工作区域应当处于负压状态下并且通过高效微粒过滤器（HEPA）进行通风；

7. 人员离开工作区域不应穿着受污染的衣物，在离开时应用淋浴冲洗干净。

1988 年 6 月，该法规暂时失效，直到美国国家建筑科学协会（NIBS）建立起含铅油漆清除示范准则时才重新恢复效力。美国国家建筑科学协会的示范准则包括现有测试的调查和清除方法。1989年 2 月，美国住房和城市发展部（HUD）收到了这套示范准则。自此之后，美国住房和城市发展部（HUD）设立了"含铅油漆危险降低和资助特别工作组"。1995 年 6 月，这个特别工作组撰写了一份文件并提出建议，文件的题目为"把碎片收集起来：控制国家住房中的铅危险"[①]。

文件的摘要部分概述了目前存在的问题，指出"国家需要在处理含铅油漆危险的方方面面做出改变"，并进一步证明"侵权制度缺乏效率并且对铅中毒的索赔缺乏目的性"[②]。

特别工作组在报告中提出了控制私有房屋中铅危害的国家标准。根据 1995 年 7 月 11 日美国住房和城市发展部（HUD）的新闻稿显示，这是有史以来的第一个标准。报告的第三章概述了这个标准。其中一个条款解释了建立测试标准的好处：

---

① 美国住房和城市发展部，含铅油漆危险降低和资助特别工作组，把碎片拼凑在一起：控制国家住房中的铅危险。报告，（HUD – 1547 – LBP），1995 年 7 月。

② 同上，第 3 页。

标准为保险公司承保出租房屋所有者的含铅油漆责任奠定了基础。如果房地产所有者遵守标准并且法律制度将这些标准确认为是一个理性的房地产所有者所应采取的措施，那么责任风险将变得可预测和可承保①。

特别工作组认为当前规则的模糊不清导致了保险公司无法制定承保指引和厘定保险费率。此外，他们认为侵权责任制度不能提供公平有效的赔偿②。

报告主张应建立额外的筹资机制来为铅中毒儿童提供赔偿。即使房东遵守规则行事，国家仍应建立一个无过错的补救赔偿计划来对铅中毒儿童负责。此外，该报告主张为在其他方面陷入困境的人们建立基金，没有能力支付保费的房东以及没有健康保险的家庭也归属于这个群体并可因此获益。

这些州运营的项目将通过税收或附加费的方式筹资，就像州地下储油罐的解决方案一样，这些被推荐的项目也存在着失败的可能。和地下储油罐类似，如果各州建立的综合保险基金范围过宽，含铅油漆风险有可能不具可保性。可以预见的是在新法规颁布前仍会有进一步的研究及争论。

职业安全和健康管理局（OSHA）采取的行动

目前职业安全和健康管理局（OSHA）的规则不能直接适用于含铅油漆的清除。关于粉尘、迷雾和烟气的建筑标准中设定的空气铅浓度阈限值③为200g/m³。职业安全和健康管理局（OSHA）颁布了一般工业④的铅规则，设定容许曝露限度（PEL）为50g/m³、行动

---

① 同上，第60页。
② 同上，第111页。
③ 联邦法规汇编第29卷，第1926.55款。
④ 联邦法规汇编第29卷，第1910.1025款。

浓度级为 30g/m^3。达到这个行动浓度级将触发进一步防止有害接触的要求。他们也提倡采取下列措施：对雇员进行通知及培训、监测接触量、医疗监督、使用工程和行政控制、使用个人防护装备（包括呼吸器和全身防护服）。规则规定，工人不能穿着受污染的服装离开工作区域，并且在离开工作区之前应用淋浴冲洗干净。

职业安全和健康管理局（OSHA）在《联邦登记》[①]上公布了一个有关"建筑行业的铅暴露"的临时规则，这个临时规则尚未成为最终规定[②]。该规则建议降低容许暴露水平，同时建议设定工作实践、合规方法、劳工安全和其他项目等标准。简而言之，该规则提供了目前缺失的额外监管说明。

美国国家环境保护局（EPA）采取的行动

美国国家环境保护局也在《有毒物质控制法案》项下提出了含铅油漆的强制性规则。在《联邦登记》上公布为"铅；含铅油漆的活动要求；建议规则"[③]，该规则[④]主要管理从事含铅油漆工作的工人。规则规定：所有从事含铅油漆工作的工人都必须接受适当的培训并出示执行工作的证明及培训项目的合格证。目前，该规则也未能成为最终规则。

可保性条件

与石棉清除相比，对含铅油漆清除的监管环境并没有完全建立起来。近期改变这种状况的尝试也许对提升含铅油漆清除活动的可保性有帮助，但是由于历史原因已使含铅油漆清除的可保性变得异

① 《联邦登记》第 58 卷 170。
② 该规则包括联邦法规汇编第 29 卷第 1926 款第 62 节的附录。
③ 《联邦登记》第 58 卷 84。
④ 最终形式将发布在联邦法规汇编第 40 卷第 745 款。

常困难。

职业安全和健康管理局（OSHA）所颁布的一般工业铅规则在建筑或清除上并不适用。美国国家环境保护局（EPA）也没有制定出相应的规则。虽然目前美国住房和城市发展部（HUD）的规则提供了最低限度的指引，也禁止实施某些类型的清除方法，但缺乏适当工程控制和工业卫生程序以防止铅污染扩散到工作区域外的可能性降低到最低。由于在有限的管辖范围内所有规则均不能得到强制施行，因此这些规则仅能被认为是合理、谨慎行为的指导原则，而不能作为强制执行的标准。

因缺少清晰的规则指引，即便作最乐观的估计，含铅油漆赔偿责任的可保性问题也存在障碍。在容许暴露等级并不十分明确的情况下，厘定保险费率就变得非常困难并且有可能随着政策的变化随时会发生变化。因此，在确定精算费率必须以最差的风险暴露等级作为建模假设。

设计出吸引众多潜在客户的含铅油漆清除保险产品并盈利变得希望渺茫。因缺乏容许暴露水平的可靠信息，保险公司不得不设定高于政府要求的标准。从历史角度来看，这样做必将导致失败。尤其是对竞争激烈的建筑行业来说，当竞争对手没有受到同样束缚时，被保险人当然不愿意遵守那些会增加自身成本的标准。

一些保险公司已经能为那些正在实施石棉修复工作的承包商提供从事含铅油漆修复活动的有限的保障。在规则得到强制执行的地方，保险公司已经要求客户提供石棉清除的安全工作证明、含铅油漆清除和安全程序的认证培训了。

总结和结论

铅在各种材料中得到广泛应用，它对健康的诸多方面均产生危害。居民住宅所使用的含铅油漆是铅对社会的主要健康风险。吸入铅灰、尘埃或油漆颗粒是铅中毒的主要途径。铅对儿童发育中的神经系统具有负面影响，日常接触就可引起儿童铅中毒。

儿童吸入粉尘状或碎片状的变质油漆而中毒是含铅油漆发生在居民住宅中的主要风险。含铅油漆的清除也存在显著的风险，如果含铅油漆清除活动不正确，有可能没有任何负面影响，也有可能增加了暴露的风险。

由于有关铅暴露和清除的规则混乱并且明确性差，承保这类风险就变得极为困难。规则对责任的界定不清，暴露标准也未能充分说明具体的容许程度。考虑到活动的等级和在这个问题产生的争议，规则将有可能很快将发生改变。由于不能精确地识别或量化这些风险，承保这类风险的商业保险的发展变得困难，保险公司不得不在最差的场景假设下厘定保费，这样也不太可能会有客户基于获利的目的来购买保险。

然而，保险却可以为石棉修复提供某些保障。近期，为了解决这些问题，管理机构（HUD，OSHA 和 EPA）试图在国家层面上制定标准并强制施行，该工作已开始步入正轨。

IV. 在保险和风险管理方面的经验教训

上述三个环境风险案例在某种程度上提供了指引，即未来社会通过保险机制能够更好地管理自身的风险。一般来说，风险需具备非常明确的标准或规则，这样保险才可能在这些领域取得成功，这也使得计划中的保险产品符合可保性条件。

然而，正如我们在上面所看见的，这仅是保险获得成功的一个条件。要具有可销性，保险产品的定价还要包含产品开发和管理成本（包括产品的销售和分销支出），并且以此价格销售的保险产品必须能够产生足够的市场需求。

受污染的房地产

环境污染数据表明，在承保前通过审计或聘请第三方进行场地评估是十分重要的。场地评估降低了土地污染的不确定。当然如果审计结果认为待建建筑场地是清洁的，实际上也仍然存在着场地污染的可能性。通过估算损失几率及程度，保险公司可以厘定反映风险的费率。风险最主要的不确定性就是一旦发现了污染将会招致多大程度的损失。在某种程度上，目前"干净到什么程度就算是干净的"这样的标准并不存在，保险公司无须承诺清理到何种程度，这样保险公司就可以对风险性质和费率更加自信。

如果通过场地评估程序能够检测出房地产存在着污染，那么现有产权人就有机会在出售房地产前把它清理干净。如果房地产销售的预期收益将超过预计的清污费用，那么房地产所有者也会实施清理行为。对那些值得拥有的小块地块来说，场地评估可能促进以高标准来实施危险废物清理工作。

目前有现实数据可用于评估这类保险需求。保险的营销经验表明，这种保险产品自1992年投入市场以来，作为订约人的绝大多数房地产所有者不会像购买石棉清除保障一样地自发地去购买土地修复保险。要么他们觉得场地评估已经足够用了，要么他们觉得即使发现土地存在污染其修复成本也将极低。

即使客户缺乏购买保险的兴趣，也仍有可能把这类保险成功销售出去。如可以把保险作为整体交易的一个组成部分，这样保险在整个交易中就显得相对便宜了。另外，如果银行要求必须购买这样的保险，也将促使需求飞涨并且会被房地产所有者所接受。在产权保险领域得出的经验在这里同样也具有启发性。通常放款人会要求提供产权保险，如果不捆绑到房地产交易中整体出售，客户通常会认为单独销售的产权保险是较为昂贵。然而当与房地产捆绑销售时，产权保险作为整体价格的一项成本支出就显得微乎其微了。

地下储油罐（USTs）

目前已经有十分明确的规则和损失数据来限定地下储油罐（USTs）泄漏的预期损失范围，因此这些储罐的风险是可以考虑予以承保的。《资源保护和恢复法案》（RCRA）对储罐所有者施加的经济责任要求似乎是鼓励企业购买保险的一种理想方式。

然而，由于绝大多数小企业知道许多州通过立法建立了州担保基金，该些基金是通过对所有的地下储油罐收取固定费用和（或）按每加仑已售燃油征税集资设立的，因此在该领域还从未形成过现实的保险需求。州担保基金（SGFs）就已经能够满足《资源保护和恢复法案》（RCRA）及美国国家环境保护局（EPA）规定的财务责任担保制度（FRRs）的要求。由于州担保基金（SGFs）对所有储罐所有者均征收税费，却不考虑储罐的风险以及储罐所有者是否持有其他类型的保险，因此这种解决方案就暗中破坏了储罐所有者购买商业保险的市场动机。

导致的最不幸的结果是：如果州担保基金（SGFs）对过去和未来的泄漏均提供保障的话，那么储罐所有者和运营者就没有动力去预防或是检查储罐了。如果储罐所有者和运营者愿意升级储罐，更为可取的风险解决方案就是州担保基金（SGFs）为历史的污染提供保障，商业保险为未来的责任提供保障，这样地下储油罐（USTs）所有者和运营者为了减少未来风险就可能采取诸如储罐升级等措施了。

考虑到几个州担保基金（SGFs）存在着无力偿付的情况，尤其是密歇根州和伊利诺伊州已经在管理基金和支付索赔上花费了大量的金钱，这种情况下商业保险就有可能发挥更加重要的作用。美国国家环境保护局（EPA）认为这些州的州担保基金已不能满足其财务责任担保制度（FRRs）的要求。预计在不远的将来，商业保险可能会存在市场机会。

含铅油漆

油漆中的铅对人类存在着健康危害，尤其是对少年儿童来说更是如此。至少在 20 世纪 60 年代专家就已经认定了铅的危害，但到目前为止仍缺乏明确的清除民用、商用设施中的含铅油漆和控制方案的规则。

虽然近期已经试图在纠正这种状况，但是不清晰的责任和缺失的标准却阻碍着商业保险公司着手去开发相应的保险产品。这类保险必须建立在强制执行的标准之上，如容许的风险暴露等级。另外，因缺乏相关标准，保险就会以最严重的损失情景作为定价假设，这可能导致保险产品定价过高从而限制了市场需求。据美国住房和城市发展部（HUD）特别工作组的说法，这类保险产品的缺失已经阻碍了污染清理的筹资和人身损害的赔偿。

结论

借助政府规则和私人标准，环境保险作为一种具有成本效益优势的工具在减少社会风险方面可以发挥更加有效的作用。我们已经看到，缺乏明确的要求是怎样阻碍着保险产品的销售，如不动产转让保险。我们也看到，许多州试图以州担保基金（USTs）来替代保险机制并最终如何失败的。最后，我们也看到，不清晰的规范和强制施行的环境标准留下了不可预测的风险，而这些不可预测的风险是保险公司无法承保的，如含铅油漆保险。

因此就可以明确得出如下结论，政府规则的制定应当考虑商业保险公司在开发和销售新产品上的需求。如果保险鼓励损失预防措施并且为遭受损失的人提供赔偿，那么就很有可能会符合社会上各相关方的利益需求。私人部门和公共部门之间的合作将给所有利益相关方均带来收益，包括公众、工业企业、保险公司和政府部门。

第八章　总结和结论

本书的第一部分介绍了美国管理环境风险的三种主要方式，即政府福利计划、法律制度和商业保险，每一种方式都有其各自的特点。

在第一章中介绍的政府福利计划具有以下几个方面的特点：对平等、公平的关注高于对效率的关注；在损失发生后才对索赔人进行评估（事后评估）；管理成本低；面临着与所有其他政府项目争夺政府预算资金的情况。在第二章中介绍的法律制度则主要是为了赔偿受害方并试图阻止其他人从事类似的活动，但是其成本极为高昂。第三章得出以下结论：与政府福利计划和法律制度相比，商业保险具有下列优势：成本效率上更优、能够在广泛的群体中分散风险、减少风险之间的差异、对不同类型的潜在被保险人进行区分、鼓励被保险人实施损失防控措施并为其提供承保优惠、监督被保险人的行为。

通过上述介绍可以发现，保险已经成为并将继续成为管理社会风险的有力工具。本书在第二部分将讨论聚焦在环境风险管理方面，可以得出这样的结论，即"在环境风险这个特定领域内，保险的优势也同样比政府福利计划和法律制度更加明显"。

保险提供了一种由私人部门来解决风险的方案，与政府福利计划相比，使用保险来管理风险可以避免了设立更多的政府官僚部门。此外，保险还要求客户实施降低风险的措施，并以此作为客户能否获得保险保障的条件。与法律制度相比，保险为受害方提供的赔偿更多。第五、第六章详细论述了如何为现有的房地产成功地开发和销售石棉清除保险的，并且从更小范围来讲，是如何为指定区域含石棉建筑成功开发和销售保险的。这也就证明了保险公司能够开发转移不动产环境污染风险的保险。

但正如第四章所说的，保险并不是管理及预防环境风险的最有效和最有效率的"魔弹"。正如第二部分所指出的，不是针对每一种环境风险都能相应地开发出保险产品，如不能开发出地下储油罐和含铅油漆清除保险。

最为关键的是，如果保险能够在未来环境风险管理方面广泛应用的话，公共和私人部门的领导者也就能懂得保险的优势和不足了。我们将在本章中概括这些优势和不足之处。

I．优势

保险的优势就在于其可以在广泛的风险承担者之间分散风险。这种特点可从下列五个方面进行论述：专业化、风险预防机制、关注风险减量、没有交叉补贴、支付成本更低。

专业化

理论上来讲，保险行业能够承担多种多样的社会风险。保险公司基于盈利目的会去计算某一类事件的风险成本，并且通过收取保费来弥补预先指定事件的损失。保险公司运用这种方法来承担风险，就使保险逐步发展成为具有专业信息处理的内嵌资源、复杂的统计计算、集科学和法律的研究、产品营销和分销的一种商业。

保险通过收取保费来筹资并将所筹资金用于损害赔偿，并因此建立了以支付索赔为目的的风险准备金制度，这就使保险成为风险投资中的一种可靠的金融机制。而政府资助的项目则要与其他政府项目争夺有限的资金，容易因政治气候的变化导致资金来源不稳定。随着时间的推移，与政府资助的项目相比，保险有更多的资金用于弥补损失。各位可思考一下第七章中讨论过的许多州政府建立的地下储油罐项目，由于缺少持续的资金支持，其中许多项目已经失败或者正在逐渐走向失败，伊利诺伊州环保局发布的新闻概述如下：

每月从自机动车燃油税收取的可用于支付索赔（泄漏的地下储油罐）的金额约为 30 万美元。

截至 1995 年 9 月 25 日索赔单据状态为：有 1200 个地点的索赔单据有待支付；尚欠储罐所有者和运营者 4400 万美元；预计付清上述所有的索赔还需 12.5 年。[①]

风险预防机制

与法律制度或政府项目不同，保险要求客户采取事前的损失预防措施，并且会为那些采取损失预防措施的客户提供相应的激励机制。侵权法律制度主要是一种威慑机制，只有在实际损失发生之后侵权制度才会发挥作用。政府项目则不要求索赔人为了能够享有福利而去改变他们的行为或是采取风险减量措施。只有在确定索赔人受到伤害之后，侵权制度和政府项目才会支付损害赔偿，因此这两种制度采用的都是事后资助机制。

如果要减少整体的风险状况，采取事前预防机制能够达到预期的效果。保险要求客户采取损失预防措施并为其提供激励措施。就如第三章中所讲的，保险公司是否给销售客户保单或者客户需要花多少钱来购买保险通常与该客户是否实施特定的风险预防措施相关，这样就可以激励客户去主动地实施风险预防措施了。保险公司对投

---

① 伊利诺伊州环保局，"地下储油罐基金不堪赔款支付的重负，"地下储油罐损失发布，伊利诺伊州，1995 年秋天，第 4 页（封底）。

保条件的要求以及实施的持续监测有助于提升客户对安全标准的遵守。

在第七章中的地下储油罐案例显示，缺乏标准实际上会导致不良事件发生的几率增加。如果即使储罐泄漏导致了污染也将由基金负责清理，那么储罐所有者就不会去监控储罐是否发生了泄漏，这就将导致更多的储罐发生泄漏。若采取事前的预防措施（如对储罐区域采用监控装置），那么就不会有那么多的泄漏事件发生了。

关注风险减量

保险公司运用大数法则定律将风险分散在广泛的人群之中，这就最大程度地发挥了规模经济效应。正如第三章所述，提高非关联风险的样本量将有助于提升对损失频率和损失严重性评估的确定性，每个保单购买者都做一点儿贡献就是为了避免灾害事件产生严重损失，保险运用大数法则定律把风险分散在广泛的群体中就能够减少个体的大额损失风险及群体之间的差异。

没有交叉补贴

通过对风险群体进行分类，保险可以减少不同风险群体之间的交叉补贴。通过计算具体描述的、可定义的风险类型的概率，保险公司可以厘定能精确反映每一个风险的保费水平。其结果是，购买保障特定事件保险的个体将支付与其潜在损失频率和程度相符的保费水平，而不会面临这种风险的个体将不会补贴那些面临潜在损失的其他个体，第三、第四章所说的正是这种情况。第七章中地下储油罐州担保基金的案例显示了一个州所有运营人之间是如何互相补贴的，基金对该州的储罐所有者购买的所有石油征税，这样就使所有储罐所有者之间要相互提供补贴。

政府福利计划并不对风险进行分类，对从事不同类型的活动的

或是居住在不同地点的个体也不进行区分。例如，所有纳税人都在
为那些居住在高风险地区的受害者提供着援助①。

交叉补贴对公共政策具有显著的影响，在财政紧缩时期，公众
可能就不再那么友善地看待以所有纳税人为代价来资助某些个人或
企业的政府福利计划了。

支付成本更低

与侵权责任制度相比，保险能更多地将资金用于清污或者赔偿
方面。第二章列举了支付给受到石棉伤害的索赔人的平均赔偿金额，
通过侵权责任制度的赔偿金额大约占总体资金的 40%。而相比之下，
我们看到保险用于支付索赔人的赔偿金额大约占收集到总资金的
66%（见第三章）。

对地下储油罐的研究表明，保险也可能比政府福利计划更有效
率。目前部分地下储油罐州担保基金存在两种情况：一是地下储油
罐州担保基金不足以支付索赔；二是很大一部分的基金支出用于还
本付息。这就导致使用地下储油罐州基金来支付清污资金就像侵权
制度一样昂贵。而保险却可以用更少的成本提供了更好的风险管理。

II. 不足

尽管保险有潜力成为管理社会风险的一个强有力的工具，但是
其在适用性和效力方面也存在一定限制。例如，保险通过公平来评
价效率，但目前这仅在有限的风险类型上运作成功，而保险必须有
市场才能发挥出这种效果。

---

① 普里斯特，乔治·L，"政府，市场和灾害损失问题，"灾害风险的社会疗法会议：
斯坦福大学——卢卡斯会议中心，1994 年 10 月 21 日，第 29 – 32 页。

通过公平来评价效率

与政府福利计划不同，保险公司必须对不同群体的被保险人进行区分。恰如地下储油罐所有者（运营者）和自然灾害的受害者案例所显示的，美国的政府福利计划却尽可能以统一标准来赔偿个体，而不管群体或个体之间的风险差异。

通过所有纳税人来补贴地下储油罐所有者以及洪水或地震的受害者就是不区分风险类型、统一赔偿的直接结果。相比之下，保险对那些风险概况更高的个体要收取更高的保费，或者根本不承保他们的某些风险，结果就可能使保险所保障的个体数量要少于政府福利计划的。

就像石棉伤害案例和承保前已经发现污染这样的案例，如果损失已经明确发生，那么保险公司通常将不为其提供保险保障了。换句话说，保险通常不适用于已知事件[①]。在这种情况下，在提供事后惩罚和赔偿方面侵权制度做得更好。

限于可保风险

保险仅能够适用于那些可保的社会风险。更具体点儿说，为了获得能够反映预期损失的保费，保险公司必须理解并量化风险。

正如第五、第六章所示的石棉案例，政府规则有助于降低风险的不确定性，因为他们的规则设定了行为标准。在确保风险可测上这是关键的一步，这也是得出保费"盈亏平衡"的基础。政府规则界定清楚了，损失也就能够预测了，这样保险就可以良好地运行了。

当政府为了维持公平的竞争环境对所有企业强制施行同样的标

---

① 一个例外是关于什么时候支付已经发生事件的赔偿是否是不确定的。如米高梅大酒店大火发生后，保险公司可以为要花费多长时间来解决索赔事宜这种情况提供保险保障。

准时，就可以预测发生在潜在被保险人群体中的损失。与不确定一个特定标准是否会被实施并执行的情况相比，客户更愿意在标准确定实施时才购买保险。

可销性：挠痒，触发，敲打

既然保险只有购买了才会起作用，那么需要注意保险销售需要哪些条件。法人实体购买保险可能因为受到了一系列政府或市场的影响。保险购买的推动力量有时也被称为"挠痒，触发和敲打"，它们在不同层次上激励着客户的保险购买行为。

"挠痒"压力是一种倾向，它鼓励客户购买保险，如不动产所有者要求承担某一项目的承包商提供可选择的保险条款，可表现为所有者要求承包商提供更高的责任限额。在市场上，"挠痒"压力也可能采取承诺更大利润的形式，如附加产品责任保险的产品可能更加吸引客户并且销量会更大。

"触发"包括为了保障某一种潜在风险刺激着客户的保险购买行为。例如，银行为了保障潜在的、未知的风险可能要求客户提供保险证明或者要求客户在银行存一笔钱。通常来说，客户会优先选择保险。

"敲打"即"要求"在开工生产前必须提供保单，这里的保单就成为一种事实上的"运营许可证"，这通常是对那些不遵守政府要求的群体最严厉的惩罚，这也是最有效的保险销售方式。石棉清除项目的所有者通常会要求承包商要购买石棉责任保险，这样就可以保护其免于承担由于承包商的工作所导致的责任。既然承包商在没有保险的情况下不可能找到活干，这样他们就产生了购买保险的强烈动机。

然而，如果政府"敲打"过了头，就将使保险公司扮演起政府执法者的角色。当政府规则规定"遵守保险等同于遵守法律"，那么可能保险公司承担的责任就与其风险承受能力不匹配了。国际商会已经采纳了下面的观点：

强制性金融安全工具作为获得许可实施某些活动或处理某些物质的前提条件将会产生巨大的困境。在这种情况下，强制保险将使保险公司实际上成为了监管机构[①]。

如果保险公司在监控或是合规上犯了错，那么它就变成了直接的责任主体，这就把受监管目标群体的法律责任转嫁给了保险公司，从而改变了政府监管的重点，也转换了保险公司和被保险人之间的关系，保险公司实际上将成为其客户的监督人而不再是服务的提供者。

除了政府对保险的影响之外，其他市场因素同样也可能产生制约保险的效用。保险对某些类型的企业更具有吸引力，保险的主要购买者是那些每年营业收入少于1亿美元的中小型企业，而那些每年营业收入高于50亿美元的企业更可能采取自保的方式。因此，虽然保险的优势很多，但保险在何种情形下可以最有效地发挥作用仍存在着局限性。

III. 结论

作为一种社会政策工具，保险是一个很强有力的工具。自保险出现以来，量化、控制和转移风险的能力已经成为保险的重要特征。对某些环境风险而言，保险的实际优势要比侵权责任制度多，如降低交易成本；保险鼓励损失预防行为并且能够避免了交叉补贴，这方面也比政府福利计划做得要好。

但是，保险也有其不足之处。为了确保运行有效，保险必须对

---

① "环境责任和金融安全，"正式声明：1993年10月正式通过，国际商会，保险委员会，1993年10月，第4页。

不同的风险进行区分，更不能指望着保险来承保所有的风险了。如果要使保险运作良好的话，必须有足够的市场吸引力（最好是客户自愿的）。但是到目前为止，只有少数的环境风险能满足这些条件。

本书试图展现保险成为减少环境风险的一种可行性工具所应具备的条件。当环境风险被界定为清晰明确的行为标准时，当损失变得可以预测时，并且当个人和企业有动机购买环境风险保障时，保险就能以一种具有成本效益、有效的方式来减轻潜在的损失后果。我们希望，在成功管理界定明确的环境风险方面，该讨论能够促进保险取得更加广泛地应用。

索　引

Adverse selection—逆选择，47 – 49

  Concerning asbestos—关于石棉，78

  Concerning contaminated property—关于污染的不动产，90

  Concerning underground storage tanks—关于地下储油罐，98，101

Ambiguity of risk—风险的不确定性，44 – 47

  Asbestos in place—指定区域石棉，65

  Asbestos removal—石棉清除，65

  Parameters of ambiguity for asbestos—石棉风险不确定性的参数，73 – 76

Asbestos—石棉—

  Health effects of exposure—风险暴露的健康影响，62 – 63

  In place—指定区域，65 – 67

  Regulations—规则，66 – 67

  Removal—清除，65

  Risk—风险，62 – 63，65

Asbestos abatement—石棉拆除，68 – 70

  Abatement project steps—拆除项目步骤，69 – 70

  Annual premiums paid—支付的年保费，83

Asbestos abatement insurance – See insurance—石棉拆除保险—见保险

Asbestos Hazard Emergency Response Act—石棉危险紧急应对法（AHERA），64，67

Asbestos litigation – Transaction costs—石棉诉讼—交易成本，32

Asbestos School Hazard Abatement Act—石棉学校危险消除法（ASHAA），64

Asbestosis—石棉肺，20，32，62

Bottomry—船舶抵押契约，23

Breakeven premiums—保本保费，59

Brokers，insurance—经纪人，保险，57

Commissions—佣金，81

Clean Air Act—清洁空气法，15，28，64

Clean Water Act—清洁水法，15

Comprehensive Environmental Response，Compensation，and Liability Act—综合环境反应、补偿和债务法（CERCLA），10，16 – 17，64，65，86，87，89

Liability types—责任类型，17 – 18

Referred to as Superfund—被称为超级基金，17

SARA—《超级基金修正案和重新授权法》，17，95

Transaction costs—交易成本，30 – 32

Contaminated property，liability for—污染的不动产，责任，86 – 94，111 – 112

Demand for insurance—保险需求，91，101

Insurability conditions—可保性条件，88 – 91

Marketability issues—可销性问题，91

Correlated risk—关联风险，51 – 53，90

Concerning asbestos—关于石棉，72

Concerning contaminated property 关于受污染的不动产，86

Concerning underground storage tanks—关于地下储油罐，94

Cost of remedial action—修复成本，85

Enterprise liability—企业责任，12，18 – 19，20

Environmental assessments – See Site assessments—环境评估—见场所评估

Environmental liability—环境责任，20

Interrelationship with tort liability and liability insurance—侵权责任和责任保

险的关系，29

Property owner liability for contaminated property—不动产所有者对污染的不动产承担的责任，87，88

Environmental Protection Agency（EPA）—美国国家环境保护局（EPA），5，10，15，17，64，65，66，67，73，94，95，96，98，101，108

Lead‐based paint regulations—含铅油漆规则，105‐109

Environmental risk‐See also Asbestos，Contaminated property，Underground storage tanks，and Lead‐based paintabatement—环境风险—也见石棉，受污染的不动产，地下储油罐，含铅油漆清除

Insurability—可保性，72

Result of government policy—监管政策的结果，39

Scientific evidence—科学证据，20

Ex ante remedies—事前救济，10，101

Ex post remedies—事后救济，10，101

Federal National Priority List（FNPL）sites—联邦国家优先级列表（FNPL）场地，90

Financial responsibility requirements（FRR）—财务责任担保制度（FRR），55，112

For underground storage tanks—地下储油罐的，94，112

Government benefits programs，政府福利计划，3‐4，114

Federal disaster assistance—联邦灾害救助，4，7

Managing risk through—管理风险通过，7‐10

Social Security—社会安全，4，7，8‐9

Unemployment—失业，4

Values equity over efficiency—通过效率评价公平性，101

Housing and Urban Development（HUD）‐See United States Department of Housing and Urban Development—住房和城市发展部（HUD）—见美国住

房和城市发展部

Insurability conditions—可保性条件

    Identifying risk—识别风险，41 – 43，72 – 73

    Setting premiums—厘定保费，43 – 47，73

Insurance—保险—

    Administrative costs—管理成本，80 – 81

    As seal of approval—获得认可的标志，56

    Asbestos abatement—石棉拆除，5，73，108

    Benefits—优势，115 – 118

    Characteristics—特征，115 – 118

    Corporate decision – making when selection—公司决策—制定何时选择，50

    Delivery cost—交易成本，111

    Demand for—需求，54 – 55

    Encouraging loss reduction measures—鼓励损失降低措施，27

    Environmental—环境的，50

    Features—特征，25 – 28

    Historical perspective—历史视角，23 – 25

    Interrelationship with tort liability and environmental risk—侵权责任和环境风险的关系，38 – 39

    Limitations—不足之处，118 – 120

    Managing risk through—管理风险通过，4，114 – 115

    Monitoring and control function—监督和控制功能，28

    Pricing—定价，58 – 60

    Property transfer—产权交易，5，86 – 94，111

    Purchase incentives—购买动机，120 – 130

    Reduces subsidization of risk—减少风险补贴，117

    Risk reduction and spreading tool—降低和分散风险的工具，25，27，116

    Risk segregation—风险分散，25；Specialization of the industry—行业的专业化，115

Transaction costs—交易成本，29 – 30

　　Values efficiency over equity—通过效率评价公平性，118

Joint and several liability—连带责任，17

Law of large numbers—大数法则，24，116

Lead – based paint abatement—含铅油漆清除，102，105，110

　　Abatement methods—清除方式，105 – 106

　　History of lead – based paint regulation—含铅油漆规则的历史，106 – 107

　　Insurability conditions—可保性条件，107

　　Overview of risks—风险概况，102 – 104

　　Regulatory environment—监管环境，102 – 104

Leaking Underground Storage Tank Trust Fund—See Tort liability system—泄漏地下储油罐信托基金—见地下储油罐

Legal system – See Tort liability system—法律制度—见侵权责任制度

Loss reduction—损失减少，8

Marketability conditions—可销性条件，54 – 58

　　Concerning asbestos insurance—关于石棉保险，82 – 83

　　Concerning property transfer insurance—关于不动产交易保险，86 – 96

　　Concerning underground storage tanks—关于地下储油罐，98 – 101

　　Role of broker—经纪人的作用，57

Maximum possible loss（MPL）—最大可能损失（MPL），39

Mesothelioma—间皮瘤，20，32，62

Moral hazard—道德风险，49 – 51

　　Concerning asbestos—关于石棉，79

　　Concerning contaminated property—关于受污染的不动产，90

　　Concerning underground storage tanks—关于地下储油罐，98

Mutual insurance companies—互助保险公司，24 – 25

National Emission Standards for Hazardous Air Pollutants（NESHAP）—有害空

气污染物国家排放标准（NESHAP），64，66，67，68

National Environmental Act—国家环境法，5

Occupational Health and Safety Administration（OSHA）—职业安全和健康管理局（OSHA），64，66，67，68，69，73，75，76，77

   Concerning lead – based paint—关于含铅油漆，102

Property owner liability – See Contaminated property liability—产权所有者责任—见污染产权责任

Property transfer insurance – See insurance—产权转移保险—见保险

Pure premium（PP）—纯风险保费（PP），41

Reinsurance—再保险，28

Resource Conservation and Recovery Act（RCRA）—资源保护和恢复法（RCRA），16，64，93，95，100，112

Retroactive liability—追溯责任，17

Risk—风险—

   Asbestos abatement—石棉拆除，68 – 70

   Court system role—法院系统角色，19 – 21

   Identification—识别，8，41 – 43

   Insurability conditions—可保性条件，40 – 43，72

   Managing environmental—管理环境的，4，9，13

   Managing through government benefit programs—通过政府福利计划来管理，7 – 10

   Managing through insurance—通过保险管理，23 – 28

   Managing through legal system—通过法律制度管理，11 – 22

   Methods of transferring—转移方式，3

   Quantification of—量化，59

   Transferring responsibility—转移责任，21，48

   Ways to retain—风险自留

Site assessments—场地评估，88，89，90，91，94

ASTM protocol—美国试验与材料协会（ASTM）草案，92

Attitude towards—态度，92

For environmentally contaminated property—对受到环境污染的不动产来说，111－112

Required by FDIC—联邦存款保险公司（FDIC）的要求，92

Standards of care—注意标准，18，20

State Guarantee Funds（SGF）—州担保基金（SGF），9，96，96－100，112

Michigan fund—密歇根州基金，99－100

Strict liability—严格责任，17，18，20，88

Superfund－See Comprehensive Environmental Response，Compensation，and Liability Act—超级基金—见综合环境应急、赔偿和责任法（CERCLA）

Superfund Amendments and Reauthorization Act（SARA）－See Comprehensive Environmental Response，Compensation，and Liability Act—超级基金修正案和重新授权法（SARA）—见综合环境应急、赔偿和责任法（CERCLA）

Treaty contracts－See Reinsurance—再保险合约—见再保险

Tort law—侵权法—

Definition—定义，11

Functions—功能，11

Tort liability system—侵权责任制度，4，18，118

Concerning lead－based paint—关于含铅油漆，102

Cost compared to insurance—与保险的成本比较，118

Interrelationship with environmental risk and liability insurance—环境风险和责任保险的关系，34

Managing risk through—通过侵权责任制度管理风险，11－20，116

Transaction costs—交易成本，20，27

Toxic Substances Control Act（TSCA）—有毒物质控制法（TSCA），64

Underground storage tanks（UST）－See also State Guarantee Funds—地下储油

罐（UST），17 - 18，49，94，112，119—也见州担保基金

    Determining insurability—判断可保性，40 - 41

    EPA regulations—美国国家环保局规则，95

    Insurability conditions—可保性条件，97

    Leaking Underground Storage Tank Trust Fund—泄漏地下储油罐信托基金，95

    Marketability issues—可销性问题，98 - 101

    Regulatory environment—监管环境，95 - 97

    Subsidization of owners—所有者补贴，117

Underwriting premium—承保保费

    Estimating—评估，51

United States Department of Housing and Urban Development（HUD）—美国住房和城市发展部（HUD），104，105，106，109，110，113

Variance reduction—方差缩减，24